세무공무원 이

부동산

이야기

KB009816

세무공무원 이조사관의
부동산 세금
이야기

이조사관 지음 | 김진석 세무사 감수

BM 성안북스

처음 책을 집필하기에 앞서 세무공무원이 세금을 주제로 책을 써도 되는 것인지 많은 고민을 하였다. 내 이야기가 국세청을 대표한다거나 나의 부족한 글 표현으로 세법 적용에 오해가 생기기 않을까 조심스러웠기 때문이다. 또 소득이 있는 곳에 세금이 있다 보니, 주택을 소유한 사람들의 이야기로 구성되어 혹여나 부동산 투자를 종용하는 것으로 보이지는 않을까 염려되기도 하였다.

하지만 일을 하면서 가장 힘들었던 것이 세법을 몰라서 당초 내야 하는 세금보다 많이 내게 되는 납세자를 만나는 일이었다. 물론 작은 도움이라도 줄 수 있는 경우에는 내가 할 수 있는 범위에서 최선을 다해 도움을 주지만, 적법한 세금이었을 경우에는 나로선 그분들의 억울한 이야기를 들어드리는 일밖에 할 수가 없었다. 그리고 그럴 때마다 복잡하고 어려운 세금이라도 '나에게 적용되는 부분만 알았더라면', '법 개정으로 바뀐 부분을 확인했더라면 억울한 일이 생기지 않았을 텐데…' 하는 마음에 너무나도 안타까웠다.

2021년 3월 국세청·행정안전부에서 출간한 「주택과 세금」 도서가 베스트셀러가 되었다. 그만큼 많은 사람들이 주택과 세금 문제에 대해 관심이 많고, 세금 공부도 적극적으로 하고 있다는 의미일 것이다. 나 또한 「주택과 세금」을 읽으면서 많은 공부를 하였다. 그런데 공부를 하면 할수록 '조금이라도 쉽게 세법을 전달할 수 있는 방법은 없을까?' 하는 새로운 고민이 생겨났다. 많은 사람들이 복잡하고 어려운 세금으로 인해 억울한 일이 생기지 않기를 바라는 마음이 컸기 때문이다. 그러다 문득 우리의 삶 속에서 발생하는 다양한 세금 이야기를 활용한다면, 누구나 세법에 친근하게 다가갈 수 있을 것 같다는 생각이 들었다. 책을 집필해야 하는 명확한 이유가 바로 이때 생겨난 것이다. 내 인생에서 가장 잘한 것 3가지를 꼽으라면 아이를 낳은 거, 세무공무원이 된 거, 책을 좋아하는 것이다. 세법이 매년 개정되고 공부해야 할 것들이 많기는 하지만, 배워가는 즐거움이 있고, 법을 적법하게 적용해 나가는 재미가 있다.

좋아하는 일을 책으로 낼 수 있게 해주신 성안북스 김상민 팀장님과 관계자 여러분, 그리고 원고를 감수해 준 김진석 세무사님께 깊이 감사드린다. 마지막으로 사랑하는 가족들, 든든한 동반자 남편 주현, 엄마 껌딱지 이쁜 딸 민서, 시랑합니다.

일러두기

- 모든 법령 규정을 담고 있지 않습니다.
- 2022년 9월 세법 기준으로 집필되었으며, 반드시 관련 법령과 개정 여부 등을 확인하시기 바랍니다.
- 양도소득세(양도세) / 종합부동산세(종부세) / 종합소득세(종소세)

이조사관의하루

　세무공무원은 2년마다 세무서와 업무가 바뀐다. 올해에는 신고안내센터에서 재산 업무를 맡게 됐다. 아침 일찍 집에서 나와 9시까지 세무서 신고안내센터로 출근을 한다. 이른 아침이지만 대기 인원이 벌써 3명이다. 띵동!

　"안녕하세요. 무슨 일로 오셨습니까?"
　1번 민원인은 연세가 많아 보이는 할머니시다.
　"며칠 전에 집을 팔았는데 무슨 신고를 해야 된다고 그러길래 왔어."
　"집을 팔면 양도소득세 신고를 하셔야 돼요."
　"얼마 되지도 않는 집 팔았는데 신고는 무슨 신고야. 그냥 아가씨가 알아서 해줘."
　"어르신 죄송하지만 신고 방법 안내는 도와드릴 수 있어도 신고서 작성은 직접 하셔야 해요."

"누가 그러던데, 난 세금 안 내도 된다고. 노인네가 무슨 돈이 있다고 세금을 내."

"집 몇 채나 가지고 계세요?"

"이번에 판 거랑 지금 살고 있는 집이 다지. 내가 무슨 몇 채씩이나 집을 가지고 있겠어. 코로나로 아들 식당 어렵다고 하길래 파는 거야. 집 있으면 뭐 해. 다달이 내는 거 많고, 자꾸 뭐 고쳐달라 전화 와서 귀찮기만 하지."

"집 팔고 이익이 있으면 그에 대한 세금을 내야 해요. 또 판 집이 비과세에 해당되어 세금을 안 내도 되는지, 세금을 내야 되는지도 따져 봐야 하고요. 판 집은 언제 사셨어요?"

"남편이 2012년도에 샀지."

"지금 살고 계신 집은요?"

"아마 2007년도에 샀을걸?"

"얼마에 파셨어요?"

"2억에 팔았는데 내 손에 쥐어진 건 얼마 안 돼. 여름에는 비가 샌다, 겨울에는 결로가 생긴다, 또 도배장판 바꿔 달라. 어휴, 아가씨는 집 사지마. 내가 그때 그 집 사지 말자고 그렇게 얘기했건만, 바깥양반이 재개발된다고 하도 고집을 피우는 바람에 샀는데 지금까지 재개발은커녕 집이 낡아서 고생만 했어."

"저런, 고생 많으셨겠어요. 그런데 어르신 매매 계약서 등 관련 서류는 가지고 오셨어요?"

"집에 있겠지."

"신고할 때 매매 계약서, 취득세 납부 영수증, 중개 수수료, 법무사 수수료, 보일러 교체 비용 영수증 등 필요한 서류가 있어요. 종이에 구비 서류를 적어드릴 테니 해당되는 증빙 서류 챙겨 오신 다음에 신고하러 와주세요. 아, 그리고 보일러 수리 비용, 도배장판 바꾼 비용은 경비로 안 들어가요."

"이게 다 뭐야? 나 이런 거 몰라."

"혹시 세금 신고하는데 아드님의 도움 못 받으세요?"

"아들 내외는 새벽부터 밤늦게까지 일해서 바빠. 얼마나 열심히 일하는데, 그냥 아가씨가 좀 해줘."

"할머님은 일시적으로 두 채가 아니고 두 채를 오래 보유하고 계셨던 거라 세금을 내셔야 해요. 하지만 세금이 얼마인지는 제가 적어드린 서류들을 봐야지만 알 수 있어요. 매매 관련 서류 가지고 다시 내방해주세요."

"늙은이 보고 또 오라고? 뭐가 이리 번거로워."

이후 머뭇거리며 나가시는 할머니에게 다시 한번 말씀드린다.

"어르신! 서류 꼭 챙겨 오셔야 돼요!"

그렇게 첫 번째 민원인이었던 할머니가 나가고, 차가워진 커피를 벌컥 마신다. 그리고 다시 띵동.

"안녕하세요. 무슨 일로 오셨습니까?"

2번 민원인은 나이가 지긋하신 중년 남자분이시다.

"내가 조정지역에 집 3채를 가지고 있어요. 조정지역이면 세금이 달라진다고 하던데, 어떤 게 다른지 말씀해보실래요?"

"죄송합니다. 재산 신고 창구는 매매 계약서 등 관련 서류를 구비한 경우에 한하여 신고 안내를 도와드리고 있습니다."

"아니, 세금을 알아야 팔든지 말든지 할 거 아닙니까? 나 같은 일반인들이 이런 걸 어떻게 알아요. 그럼 내가 3개 주택에 대해서 세금을 아끼려면 어떻게 해야 돼요?"

"선생님의 질문은 세무공무원의 상담 범위를 넘는 세테크에 해당하므로 조세 전문가와 상담하셔야 합니다."

중년 남자분의 표정이 굳어진다.

"왜 안 알려주는 거지? 세무사 찾아가면 수수료 내야 하잖아! 공무원이 국민에게 봉사해야 하는 거 아닌가? 내가 내는 세금으로 월급 받으면서, 내게 알려줘야 되는 게 당신의 의무 아니야? 지금 내 말이 틀렸어?"

민원인의 언성이 높아지면 내 심장은 쿵쿵 뛰고 손이 떨리기 시작한다. 떨리는 손을 꾹 잡고 최대한 정중하게 말한다.

"세무공무원은 가능한 납세자의 편의를 위해 상담 서비스를 제공하고 있으나, 납세자 개개인에 대한 세무조력자는 아니기에 도움을 드릴 수가 없습니다."

"이거 말이 안 통하네. 여기 제일 높은 사람이 누구야?"

나는 할 수 있는 말이 없다. 그저 죄송하다는 말만 계속해서 반복한다. 이후 많은 사람들이 어르고 달래고 나서야 중년 남자분이 공무원의 정신 상태를 운운하며 사무실을 나간다. 그제서야 한숨이 놓인다. 사실 이런 상황이 찾아올 때마다 휴식을 조금 취한 뒤 업무를 보고싶지만, 그럴 수가 없다. 많은 사람들이 나를 기다리고 있기 때문이다. 물을 마시고 심호흡을 크게 한 번 한 뒤, 다시 업무를 시작한다. 띵동.

"안녕하세요. 무슨 일로 오셨습니까?"

3번 민원인은 환하게 웃으시는 아주머니시다. 나의 모습이 측은하였는지 수고가 많다는 말을 건넨 뒤, 미소를 머금으며 이야기를 시작하신다.

"내가 오피스텔이랑 아파트를 가지고 있었는데, 아들놈 분가하고 혼자 있는 것도 적적해서 이번 기회에 그냥 고향으로 내려가려고. 그래서 가지고 있던 집 전부 다 팔았어."

"아파트 파신 거예요?"

"아파트랑 오피스텔 다 팔았어. 서울에 있는 거 다 정리하고 가려고. 오피스텔은 임대 등록인가 뭔가 해야 된다고 해서 등록해 놨어. 등록하면 세금을 안 낸다고 하던데?"

"어느 걸 먼저 파셨어요?"

"오피스텔 먼저 팔았어. 4년 단기임대로 이번에 딱 4년이 되고 세입자도 마침 나간다고 하기에 이때다 싶어서 팔았지."

"아파트는 언제, 얼마에 파셨어요?"

"오피스텔 팔고 한 달 정도 지나서 팔았는데, 내놓자마자 팔리더라고. 많이 올라서 12억에 팔았어. 내 한평생 이렇게 큰돈을 만져보다니 정말 잘 팔았지. 그런데 부동산에 대해서 잘 아는 친구가 있는데, 오피스텔은 임대 등록을 하면 오래 살았던 아파트를 팔아도 비과세를 받을 수 있다고 하더라고."

아주머니는 생각만 하셔도 좋으신지 연신 함박웃음이시다. 세법이 개정된 것을 알았다면 오피스텔을 먼저 팔지 않았을 텐데, 안타까운 마음을 억누르며 설명을 드린다.

"친구분께서 말씀하신 것은 임대등록주택과 거주주택을 보유하다 2년 이상 거주한 주택을 양도하고, 그 거주주택의 비과세 여부 판단 시 임대등록주택은 주택 수에서 제외한다는 거주주택 비과세 특례인데요. 현재 4년 단기임대가 폐지되어 임대 등록이 자동 말소된 후, 5년 이내에 2년 이상 거주한 주택을 양도하면 비과세를 받을 수 있어요. 하지만 어머니의 경우는 오피스텔을 팔고 바로 거주주택을 팔아서 최종 1주택 보유 및 거주요건이 충족되지 않아서 비과세가 적용되지 않아요. 쉽게 말하면 2022년 5월 10일부터 최종 1주택 규정이 폐지되었지만, 어머니는 그전에 아파트를 팔아서 비과세가 될 수 없어요."

"무슨 소리야? 친구는 비과세 받았다고 그랬는데. 나도 그 친구 소개로 오피스텔 사서 임대 등록까지 한거야."

"친구분은 오피스텔 파셨어요?"

"그걸 왜 팔아. 월세 꼬박꼬박 받으면서 손주들 재롱보며 여유롭게 사는 친구인데. 젊었을 때부터 악착같이 부동산 모으더니만 아주 팔자가 폈지, 폈어."

"친구분은 거주주택 비과세가 가능했던 경우로 어머니와 상황이 달랐을 거예요. 오피스텔 양도세 신고는 하셨어요?"

"오피스텔 판 것도 신고해야 돼? 오피스텔은 임대 등록하면 세금 안 낸다며?"

"오피스텔도 양도한 달의 말일로부터 2개월 이내에 신고하셔야 되고, 일 년에 두 채를 팔았기 때문에 양도한 연도의 다음 연도인 5월에 합산 신고도 하셔야 돼요."

"친구가 그렇게 말 안 하던데. 무슨 소리인지 모르겠네. 일단 아파트 판 거 신고하게 신고서부터 빨리 줘요."

신고대에서 신고서를 드리며, 신고서 샘플을 보여드렸다. 그리고 다음 민원인을 부르기 위해 벨을 누른다. 띵동. 띵동.

그로부터 얼마간의 시간이 흐르고, 신고서 작성을 마친 아주머니는 납부금액이 6천만 원인 것을 확인하고, 나를 의심의 눈초리로 쏘아보신다. 그리고는 부자 친구는 세금도 얼마 내지 않았는데, 돈 없는 본인은 왜 이렇게 많은 세금을 내는 것이냐며, 화를 내신다. 어느새 미소를 머금고 있었던 아주머니의 얼굴빛이 붉으락푸르락 변하였다. 그때 아주머니께서 갑자기 어디론가 전화를 건다.

"영숙아, 나 세무서 왔는데, 여기 공무원이 세금을 6천만 원이나 내라고 하네. 이게 말이 되니?"

부자 친구분인가 보다. 아주머니에게 스피커폰으로 같이 이야기하자고 했다.

"안녕하세요. 세무서 직원입니다. 친구분이 아파트보다 오피스텔을 먼저 파신 거 아셨어요?"

"네? 오피스텔을 팔았어요? 순자, 너 오피스텔 팔았어?"

"응. 오피스텔 가격도 오르고, 고향에 가면 다시 서울에 오는 것도 번거로우니까 이참에 아파트랑 같이 정리하면 좋겠다 싶어서 팔았지."

"내가 오피스텔은 노후에 도움 된다고 오래오래 가지고 있으라 했잖아."

"오피스텔 가격이 몇 년 만에 올랐는데 어떻게 안 팔 수가 있겠어. 그리고 난 네가 오피스텔은 임대 등록을 하면 세금도 얼마 안 낸다고 해서 당연히 그런 줄 알았지."

"그래도 그렇지. 내가 세법은 매년 바뀐다고 늘 살펴봐야 한다고 말했잖아."

"하필 내가 오피스텔이랑 집 팔 때 이렇게 될 거라고 생각했겠어? 그나저나 납부금액이 6천만 원인 건 맞는 거야? 아무리 생각해 봐도 뭔가 이상한 것 같은데."

"그건 한 번 확인해 봐야 해. 순자야, 우선 신고하지 말고 나한테 와."

"알겠어. 바로 갈게."

그렇게 부자 친구와 통화를 마친 아주머니께서 나를 한 번 힐끔 쳐다보더니 작성하였던 서류들을 주섬주섬 챙겨 나가신다. 하얗게 세어 버린 머리카락과 축 처진 어깨, 어쩌면 평생을 고생만 하다가 이제서야 조금 편하게 지내기 위해 가지고 있던 재산인 집과 오피스텔을 팔기 위해 왔을 아주머니의 뒷모습을 보니 마음이 좋지 않다. 무거운 마음으로 다시 벨을 누른다. 띵동.

차례

1편_

우리 사랑해도
될까요?

김성민

중소기업에서 5년차 근무 중이며 성실한 30대 청년 (닉네임: 부자남편)

우연히 서울 아파트 시세를 알게 되어 부모님과 자신의 경제적 무지에 개탄하게 되고, 이후 자산을 모으기 위해 새벽부터 밤 늦게까지 부동산 공부를 하며 퇴근 후에도 집을 보러 다닌다.

유지혜

작은 회사에서 6년차 근무 중이며 착실한 20대 여성 (닉네임: 지혜숲)

스스로 가난한 가정에 태어났다고 생각하여 가난에서 벗어나기 위해 부단히 노력하고 있으며, 악착같이 종잣돈을 모아 부동산을 소유하게 된다. 연애, 결혼은 사치라고 생각했던 그녀이지만, 운명같이 부동산 강의에서 만난 김성민을 사랑하게 된다.

세상에 부러울 게 없는 1주택자

나에게도 집이 생겼다.
나는 자산을 불려 나갈 것이다. 자본주의에 살고 있으므로.

오전 5시 알람이 울린다. 어제 평택으로 임장(臨場)을 다녀와 새벽에 잠들었더니 몸이 물에 젖은 솜뭉치처럼 무겁다. 그래도 '미라클모닝 출첵'은 해야 하니 반쯤 뜬 눈으로 카페 앱을

연다. 미라클모닝 게시판에 '안녕하세요. 좋은 아침입니다.'를 적고 잠시 고민한다. 일어날 것이냐! 조금 더 잘 것이냐! 그렇게 고민하는 사이 지혜숲님의 '좋은 아침이에요.'라는 답글이 올라온다. 그녀의 답글에 힘을 얻어 무거운 몸을 일으켜본다.

어제 임장을 다니면서 찍은 사진과 매물들을 정리한다. 예산 범위 안에서 나만의 1등 물건을 찾기란 쉽지 않다. 매물 정리를 끝내고 책, 부동산 블로그, 카페 글 등을 읽는다. 매일 읽어야 하는 글들이 왜 이리 많은지 두 시간이 후딱 지나가 버린다. 출근 준비를 하고 어머니가 차려 주신 아침밥을 먹으면서도 부동산 단체 채팅방 글들을 읽는다. 단체 채팅방은 부동산 시장 분위기를 알 수 있기에 빠지지 않고 읽고 있다. 미열람 메시지 숫자가 300이 넘는 걸 보면 마음이 불편하다.

출근 준비를 하고 집을 나선다. 구두와 노트북을 백팩에 넣고, 운동화를 신고 회사까지 따릉이를 타고 간다. 지하철 정기권은 한 달에 55,000원, 따릉이 1년 정기권은 30,000원. 교통비를 절약할 수 있는 따릉이를 타지 않을 수 없다.

따릉이를 타고 회사로 가는 길에 보이는 마포 래미안 푸르지오. 이곳을 지나갈 때면 아직도 속이 아파온다. 아버지는 왜 조합원을 포기하셨을까. 만약 그때 아버지가 현금 청산을 하지 않으셨다면, 지금의 삶과는 많이 달랐겠지. 매일 이곳을 지나며 다짐한다. 다시는 무지로 인해 기회를 놓치지 않겠다고….

청계천길을 따라 회사에 도착한다. 회사는 대기업 건물에 임차해 있는 중소기업이다. 그렇기에 로비에는 대기업 사원증을 착용한 사람과 아닌 사람으로 구분된다. 대기업 월급을 받는 자와 아닌 자가 섞여 있는 이 공간이 나는 불편하다. 자격지심이겠지. 애써 사원증을 못 본 척하며 엘리베이터에 탄다.

사무실은 아침부터 주식·코인 얘기로 열기가 뜨겁다. 온통 누가 주식·코인으로 얼마를 벌었다는 얘기뿐이다. 다른 사람이 돈 번 이야기는 부러우면서도 배가 아파오는 건 인간의 본능이라 어쩔 수 없는 것인가? 선배들은 조언한다. 이제 월급만으로 살 수 없다고, 재테크가 선택이 아닌 필수인 시대라고. 그런 말들은 나를 더욱더 초조하고 불안하게 한다. 몇 년만 더 일찍 투자에 눈을 떴다면 어땠을까, 몰려오는 후회감에 괴롭다.

밀려 있는 업무들을 꾸역꾸역 처리하고 점심시간에 청계천으로 나간다. 시원한 바람을 쐬니 답답한 마음이 조금 가라앉는 것 같다. 점심시간에 올라오는 재테크 관련 유명 블로거의 글을 기다린다. 이 블로거의 글은 내가 지치고 좌절할 때마다 괜찮다고, 지금이라도 관심을 갖고 꾸준히 하다 보면 성공할 수 있다고 위로를 해준다. 잠시 처진 마음을 추스르고 경제 팟캐스트를 들으며 청계광장 폭포까지 갔다 온다.

　오후 6시 퇴근 시간, 자리에서 일어나 인사를 하고 나온다. 칼 같은 퇴근에 쏟아지는 시선들로 뒤통수가 따갑다. 서울남부터미널에서 부동산 스터디 조장님과 지혜숲님을 만나 간단하게 김밥을 먹고 평택버스터미널행 버스에 몸을 싣는다. 이후 버스 안에서 오늘 볼 매물에 대해 지혜숲님이 자세히 설명을 해준다. 마음씨 착하고 열심히 사는 모습이 참 예쁘다.

　한 시간 만에 도착한 평택버스터미널, 짜여진 동선대로 빠르게 이동해야 시간을 단축할 수 있다. 택시를 타고 10여 분간 달려 도착하니 부동산 소장님이 우리를 반겨주신다. 지혜숲님이 투자자에게 우호적인 중개사분을 잘 섭외했다. 간혹 투자자를 배척하는 중개사를 만나면 문전박대 당하기 십상이다. 그동안 나이가 어리다고 좋지 않게 보는 중개사를 만나 서러울 때가 많았다.

　소장님이 평택시 지도 앞에 서서 긴 봉으로 평택에 대해 설명을 해주신다. 교통, 일자리, 환경 등 앞으로 좋아질 일만 남았다고 한다. 그동안 공급량이 많아 집값이 하락했지만, 이곳은 지금 3년 전 가격으로 회복된 상태라고 한다. 확실히 1년 전에 왔을 때와는 현장 분위기가 사뭇 달라진 걸 느낄 수 있었다. 임장은 부동산 현장에서만 알 수 있는 정보와 분위기가 있어 힘들어도 오게 된다.

소장님이 3개의 물건을 브리핑 해주셨고, 우리는 물건을 보기 위해 물건지로 향한다. 물건을 볼 때면 나와 지혜숲님은 예비 신혼부부, 조장님은 부동산을 잘 아는 삼촌 역할을 한다. 지혜숲님은 모르겠지만, 난 이 역할이 실제가 되길 바래본다.

첫 번째 집은 완공된지 22년이 되었는데, 입주하고 단 한 번도 손 본 적이 없다고 하였다. 그 말 때문일까, 누런 벽지와 낡은 장판이 눈에 거슬린다. 하지만 그만큼 싸게 살 수 있고 인테리어해서 탈바꿈하면 되기에 나쁘지만은 않다. 매물을 보러 오면 각자 자신이 맡은 역할을 수행한다. 지혜숲님은 벽지를 훑으며 누수된 곳과 곰팡이가 없는지, 또 고치지 않아도 되는 부분은 얼마나 되는지 등을 매의 눈으로 살펴본다. 조장님은 조카가 결혼해서 살기 딱 좋겠는데 금액이 부족할 거 같다며 아쉬움을 표현하고, 소장님은 집주인이 새 아파트 청약에 당첨 돼서 이사를 간다며 이 집 기운이 좋다고 집주인을 띄어준다.

첫 번째 집에서 생각보다 많은 시간을 보낸 탓에 나머지 집은 빠르게 각 집의 특징을 머리에 새기며 둘러본다. 이후 중개소로 돌아오는 길에 마음을 정하였다. 조장님과 지혜숲님의 의견도 나와 동일했다. 동료들도 괜찮다고 하니 자신이 생겼다.

"소장님, 첫 번째 집 1,000만 원만 깎을 수 없을까요?"

소장님은 싸게 나온 물건이라 어려울 거 같다고 하면서도 집주인에게 전화를 한다. 한참 동안 이어진 통화를 마친 후, 소장님은 1,000만 원은 안 되고 500만 원까지는 빼줄 수 있다고 한다. 다시 한번 소장님에게 조금만 더 깎아 달라고 간곡히 부탁을 드린다. 조장님도 정말 열심히 사는 청년이 아끼고 아낀 돈으로 투자하는 거라고 거들어 준다. 소장님 역시 서울에서 퇴근하고 지친 몸을 이끌고 온 내가 안쓰러웠는지 다시 집주인에게 전화를 걸어 가격 협상을 해주신다.

우여곡절 끝에 750만 원 네고에 성공하였다. 떨리는 마음으로 계약금을 보내고 나니, 조장님이 어깨를 다독여주신다. 지금 꿈을 꾸고 있는 건 아니겠지. 그동안의 일들이 주마등처럼 지나간다.

2018년 8월 토요일.

부모님 식당 일을 돕고 친구를 만나기 위해 가게에서 나왔다. 옷에 고기 냄새가 뵈어 냄새도 뺄 겸 약속 장소까지 걸어가다 우연히 마주한 마포 래미안 푸르지오, 그리고 그 앞에 위치한 부동산 중개소에 붙어 있는 34평 14억이라고 적힌 종이. 믿을 수가 없었다. 무슨 용기가 있었는지 중개소 문을 열고 14억이 맞는지 물어봤다. 사장님은 그렇다며, 집 알아보러 왔느냐고 물어보셨다. 내 연봉은 3,300만 원인데, 14억 짜리 집을 살려면 몇 년을 모아야 하는 걸까? 집값이 이렇게 비쌌던가? 약속도 잊은 채 중개소 앞을 둘러보았다. 삼성 래미안 12억, 자이 13억.

다시 식당 앞으로 갔다. 부모님은 여전히 바쁘게 일하고 계

신다. 아버지는 자신이 포기한 아파트가 14억인 것을 아실까? 우리 집이 2003년 11월 아현뉴타운으로 지정될 때만 해도 부모님은 생애 처음 아파트에서 살 수 있다며 좋아하셨다. 하지만 2008년 5월 관리처분계획인가 이후 금융 위기로 사업이 진행되지 않았다. 당시 아버지는 아파트가 지어질 것 같지 않다며, 현금 청산을 받기로 하고 새 빌라로 우리 가족을 데리고 갔다. 한평생 열심히 일만 하셨는데 잘못된 선택으로 이렇게 되다니, 가슴이 답답해져 온다. 친구를 만나 술 한 잔하고 집으로 돌아와 하염없이 잤다. 아무 생각도 하고 싶지 않았다.

그렇게 몇 날 며칠 삶의 의욕이 떨어져 있을 때, 이렇게 살 수 없다는 생각에 종로에 위치한 서점을 찾았다. 서점에 온 건 취업 준비 이후 4년 만인 것 같다. 진열되어 있는 부동산 관련 책을 찾아봤다. 「부동산 투자, 흐름이 정답이다」, 「서울 아니어도 오를 곳은 모른다」 등 수많은 부동산 책이 있었다. 책 한 권을 사서 몇 시간 만에 다 읽었다.

'내가 모르고 있던 세상이 있었구나!'

이후 그 세상을 더 알고자 도서관에서 더욱더 많은 책을 읽었다. 미친 듯이 책을 읽으며 몇 달을 보내자 그동안의 내 인생이 부정당하는 느낌까지 받았다.

난 평범하고 성실하게 살았다. 공부를 잘하지는 않았지만 열심히는 했기에, 그 결과로 서울 4년제 대학을 갔으며, 취직해서 대학 학자금 대출을 3년 만에 다 갚았다. 또 주말에는 부모님의 식당 일을 돕는 등 해외여행 한 번 가보지 못할 정도로 일만 하였다. 그러나 이제는 알겠다. 부모님과 나를 포함한 우리 모두가 자본주의 사회에 살고 있다는 사실을 말이다.

책을 읽고 그 다음에 무엇을 해야 할지 몰라 방황하다가 책 뒤에 나와 있는 네이버 카페에 들어가 봤다. 회원 가입을 하려고 닉네임을 생각해 본다. 난 부자가 되고 싶다. 그렇기에 닉네임에 부자가 들어갔으면 좋겠는데, 이미 부자아빠, 부자오빠, 부자언니 다 있다. 그럼 나는 부자남편이 되어야겠다.

강의 신청을 하고 두근거리는 마음으로 강의장에 갔다. 강의실에 빽빽하게 앉아 있는 사람들을 보니 놀라웠다. 3시간의 강의가 순식간에 끝나고 조가 짜여졌다. 조원끼리 같이 과제도 하고, 임장도 다니면 된다고 한다. 조장님을 따라 조원들과 함께 스터디 카페로 갔다. 서로 인사를 나누며 닉네임을 말한다. 내가 속한 조는 5년차 조장님, 3년차 지혜숲님, 신입 서연맘님, 나 부자남편, 총 4명이다. 조장님은 앞으로 어떻게 과제를 해야 하는지 알려주고 임장을 같이 나갈 거라고 하였다.

그다음 각자 자기소개를 하였다. 조장님은 2014년도에 내 집 마련을 위해 강의를 듣기 시작했는데, 운 좋게 부동산 상승장을 타게 됐다고 한다. 또 투자의 길이 힘들고 어렵더라도 함께해 나가면 할 수 있고 해야만 하는 것이라며, 지금이라도 늦지 않았으니 내가 할 수 있는 범위에서 투자를 이어가면 된다고 용기를 북돋아 주셨다. 그리고 처음 강의를 듣는 만큼 무리하지 말고, 매주 나가는 과제를 충실히 수행하면서 임장 경험을 쌓아가면 된다고 하였다.

지혜숲님은 2016년도에 서울로 이사와서 부동산 강의를 듣기 시작했다고 한다. 20대라 모아둔 돈이 적어 투자하기는 어렵지만, 적은 금액이라도 투자할 수 있는 곳을 찾는다고 말하였다. 또 월급이 적을수록 더 악착같이 절약해 종잣돈을 모아야 한다고 하였다. 나도 월급이 적어 투자가 가능할까 싶었는데, 지혜숲님을 보니 할 수 있겠다는 생각이 들었다.

서연맘님은 워킹맘으로 부동산에 관심을 갖게 되어 강의를 듣게 되었다고 하였다. 다만, 아이가 어려서 임장을 다닐 수 있을지 걱정된다고 한다. 일하고 아이를 키우며 부동산 공부까지, 다들 열심히 사는 구나! 한 주 한 주 강의를 들을 때마다 왜 이제야 알게 되었는지 후회가 되고 자책을 하게 된다.

첫 임장을 가는 날, 소풍 가는 것 마냥 기분이 들뜬다. 오늘 갈 곳에 대해 미리 알아보라고 하여 나름 입지 분석도 하였다. 지혜숲님이 짜온 임장 동선을 토대로 조장님의 뒤를 졸졸 따라다니며 연신 사진을 찍지만, 내가 지금 무슨 아파트를 보고 있는지 헷갈린다. 그런 나에게 조장님은 아파트 위치, 단지 관리, 주차 상태 등 생활 편의성을 주의해서 보고, 단지 내 경사가 어느 정도인지, 소음은 있는지 모든 감각을 동원해 기억하라고 한다. 지도에서 본 아파트가 현장에서는 어떻게 다른지 느껴보라는 것인데, 3시간째 걸은 탓인지 다리도 아프고, 무엇보다 많은 아파트를 보니 그 아파트가 그 아파트 같아 정신을 차릴 수가 없었다.

점심을 먹고 차 한 잔 마실 여유도 없이 다시 분주히 움직인다. 중개소를 방문할 때는 조장님과 서연맘이 한 팀, 지혜숲님과 내가 한 팀이 되어 각각 다른 곳으로 갔다. 지혜숲님은 사장님에게 인사를 하며, 신혼부부인데 집을 알아보러 왔다고 이야기한다. 그리고 오면서 본 아파트에 대해 아주 자연스럽게 물어본다. 지혜숲님의 능청스러운 연기 때문인지 사장님은 마침 매물이 하나 있다며 보여주겠다고 하셨다. 아파트를 보러 가면서도 난 사장님이 우리를 의심하실까봐 조마조마하였다. 그래서 일부러 지혜숲님에게 '자기야, 가방 내가 들게.' 하며 어색한 연기를 하였다. 이 정도면 예비부부라고 믿겠지!

다른 사람의 집을 보러 가는 건 처음이다. 생각보다 좁고 어두웠다. 높은 층이라 좋을 줄 알았는데, 앞 동에 가려 햇빛이 잘 들어오지 않는 것 같다. 집을 다 둘러보고 지혜숲님에게 내 생각을 말했더니 잘 봤다며 칭찬을 해준다. 사장님은 이 아파트가 지하철역 근처이고, 2개의 노선이 지나는 곳이라 출퇴근하기에 좋다고 한다. 입지 분석을 할 때 교통이 좋은 곳이라 생각했는데, 사장님 역시 교통을 강조한다. 부모님과 상의하고 연락드리겠다고 말한 뒤, 중개소를 나왔다. 다리 아프고 힘든 임장이었지만 뭔지 모를 뿌듯함을 느꼈다. 혼자였다면 절대 하지 못했을 텐데 누군가와 함께 한다는 것이 큰 도움이 되었다.

과제를 위해 하루 4시간밖에 못 자는 날이 많아졌다. 그렇지만 전혀 피곤하지 않다. 비록 지금은 돈도 없고 집도 없지만, 이제 돈을 알고 부동산을 알았으니 말이다.

1주택 남자와 2주택 여자의 만남

연애가 사치였던 나에게 사랑이 왔다.
삶이 고단해도 그의 손을 놓지 않으리다. 더 꼭 잡아 주리다.

부자남편님의 첫 집인 평택 아파트의 인테리어 공사가 끝나는 날이다. 공사기간 내내 퇴근을 하고 직접 현장에 가서 점검을 했다니, 그의 열정이 대단하면서도 한편으로는 안쓰러웠다.

함께 공부했던 동료들이 하나둘 집을 살 때 종잣돈이 없어 지켜봐야만 했던 심정이 오죽했을까. 좌절하지 않고 묵묵히 공부하며 누구보다 더 열심히 준비하고 노력했다는 걸 알기에 마음이 더 아팠다. 오랜만에 만난 부자남편님의 모습을 보고 웃음이 났다. 파란 트레이닝 복장에 짙은 다크써클, 내가 그동안 봤던 깔끔한 슈트를 입은 남자는 어디 갔는지.

"지혜숲님 웃지 말아요. 한 달 동안 몇 년은 늙은 거 같아요. 타일은 유광인지, 무광인지, 어떤 크기로 할 것인지, 벽지는 화이트로 하고 싶었는데, 화이트의 종류부터 합지로 할 것인지, 실크로 할 것인지도 선택해야 하고…. 장판 두께랑 색상은 또 어찌나 다양한지 정말 싱크대, 욕실, 조명까지 하나하나 끊임없는 선택의 연속이었어요. 인테리어가 이렇게 힘들 줄이야."

"처음이라 그래요. 몇 번 해보면 괜찮아질 거예요."

"세상에 쉬운 일이 없네요. 집 보러 다니는 게 좀 나아졌다 싶으니 인테리어하고 전세 맞추고…. 산 넘어 산이에요."

그가 힘듦을 토로하지만, 그동안의 고생스러움을 어찌 다 말로 표현할 수 있을까. 그의 말을 들어줄 수 있어서 다행이다.

"부자남편님 하자 점검 해볼까요? 올 화이트에 젠 스타일로 집이 주인처럼 깔끔하네요."

"요즘 트렌드에 맞추려고 했는데, 잘 됐는지 모르겠어요."

"여자들 마음 움직이기에 딱 좋게 잘 했는걸요? 그리고 현장 점검을 자주해서 그런지 큰 하자는 없네요. 몇 군데만 체크하면 되겠어요."

보수해야 할 곳을 사진 찍어 인테리어 사장님에게 전달하고 부자남편님과 함께 서울로 올라왔다. 그와 헤어진 후, 시원한 바람을 맞고 싶어 한강을 찾았다. 강을 하염없이 바라보며 지난 시절을 떠올렸다.

나는 지방에서 어렵게 살았다. 집은 가난해도 마음씨 좋은 부모님이 계셨다. 하지만 돈이 없다는 건 불편하고 힘들었다. 엄마는 돈이 없어도 책을 사주셨고, 시에 있는 도서관에 가서 많은 책들을 빌려다 주셨다. 난 책이 좋았다. 책은 나의 친구이자 스승이었다. 서울에 있던 원하는 대학교는 등록금이 너무 비싸서 갈 수가 없었다. 비록 원하는 대학교는 못 갔지만, 대학생이 되어서 가장 좋았던 것은 학생이라는 신분으로 학교 도서관에서 원 없이 책을 볼 수 있던 것이었다. 인문, 경제경영, 자기계발 등 분야를 가리지 않고 닥치는 대로 읽었다.

처음 부동산 관련 책을 접하고 나서 정말 부동산으로 돈을 벌 수 있는 건지, 책에서 본 것처럼만 하면 나도 돈 걱정 없이 살 수 있는 건지 궁금했다. 그래서 대학을 졸업한 후, 곧바로 서울로 상경하였고, 한 푼이라도 아끼기 위해 노량진 고시원에 살면서 직장과 부동산 강의하는 곳을 알아봤다. 그때만 해도 부동산 강의하는 곳이 주로 강남과 사당이었는데, 그중 가고 싶던 회사가 많이 모여 있던 강남으로 정했다. 이후 강남에서 직장을 구하고 부동산 강의를 들으며 악착같이 종잣돈을 모았다. 회사 사람들은 식당에서 점심을 먹고 카페를 갔지만, 나는 일반인도 먹을 수 있는 다른 회사의 구내식당에서 4,500원

짜리 점심을 먹고 길 건너 도서관으로 갔다.

당시 내 월급은 210만 원이었고, 실제로 수령하는 실수령액은 190만 원이었다. 여기서 고시원비, 교통비, 통신비, 식비에 50만 원을 지출하였고, 나머지 140만 원은 매달 저축하였다. 또래 회사 친구들은 이런 나를 억척스럽다고 했다. 하지만 하루가 다르게 올라가는 집값과 턱없이 더딘 속도로 채워져 가는 통장 잔고를 보고 있으면, 그렇게 할 수밖에 없었다. 또 임장을 끝내고 늦은 저녁 고시원으로 가는 어두운 골목길은 언제나 무서웠다. 그러나 임장 역시 나에게는 꼭 필요한 작업이었기에 포기할 수가 없었다. 임장으로 갔다 온 아파트는 네이버 지도 없이도 갈 수 있고, 네이버 부동산 없이도 얼마인지 알 수 있었기 때문이다. 그렇게 한 곳 한 곳 나의 앞마당을 넓혀가다 그토록 원하던 나의 아파트 1호가 생겼다. 책의 내용대로, 강의에서 배운 대로 실행하자 책 속의 이야기가 현실이 된 것이다.

이후 1호기에서 오른 전세금과 2년 동안 모은 월급으로 2호기를 샀다. 2호기까지 샀지만 내 인생은 달라진 게 없다. 여전히 나는 고시원에 살며 지출을 줄이고 임장을 다닌다. 그래도 난 행복하다.

1세대가 중요해요

같은 곳을 바라보는 그가 내 곁에 있다.
응원해주고 지지해주는 그녀가 내 곁에 있다.

부자남편님의 첫 집 장만이 마무리 되고, 다음 임장지를 정하기 위해 조장님과 부자남편님을 만났다. 그런데 아까부터 부자남편님의 안색이 좋지 않다. 무슨 일이 있는 걸까? 자꾸만 그의 표정이 신경 쓰인다.

"지혜숲님 세금에 대해 아세요?"

"국세청에서 출간한 「주택과 세금」을 읽어서 조금은 알고 있는데, 무슨 일 있으세요?"

"아버지가 코로나로 식당이 어려워져서 집을 팔려고 계약을 하셨대요. 코로나로 장사가 잘 안 돼서 임대료가 많이 밀렸고, 빚지고 못 사는 아버지가 결국 집을 파신 거죠. 근데 양도소득세 비과세 받으려면 집이 한 채여야 된다는 걸 얼핏 들은 거 같은데, 혹시 저 때문에 아버지가 세금을 더 내야 되는 건 아닌가 걱정이 돼서요. 부모님은 제가 집 산 걸 모르세요."

"잔금일이 언제예요?"

"두 달 후인 걸로 알고 있어요."

"배우자가 없는 경우 세대로 인정받을 수 없지만, 예외적인 사항이 있었던 걸로 들었어요. 우리 같이 서점에 가서 부동산 세금과 관련된 책을 찾아봐요."

"네? 같이요? 조… 좋아요!"

이후 근처에 있는 서점에 가서 제목에 세금, 절세, 세무사 등이 들어간 책들을 훑어보았다. 그리고 얼마 지나지 않아서 우리에게 필요한 부분을 찾을 수 있었다.

> ※배우자가 없는 단독 세대는 세대로 인정받을 수 없다.
> 다만, 다음 사유에 해당되면 배우자가 없어도 단독 세대를 인정한다.
>
> ·거주자의 연령이 30세 이상인 경우
> ·배우자가 사망하거나 이혼한 경우
> ·거주자의 소득이 중위소득의 40/100 수준(22년 1인 가구 기준 월 78만 원)
> 이상으로써 소유하고 있는 주택 등을 관리 및 유지하면서 독립된 생계를
> 유지할 수 있는 경우(미성년자의 경우 제외하되 결혼 등 예외 사유 있음)

"부자남편님. 세대 판정 시기는 양도 시점일이라 잔금일 전에 실제로 세대 분리를 하면 될 거 같아요. 이번 기회에 부모님한테서 독립하는 것도 나쁘지 않다고 봐요.

"감사해요. 지혜숲님. 혼자서 알아보려고 하니 정말 막막했거든요."

"지금이라도 알아서 다행이에요. 아! 그리고 혹시 모르니까 국세청 홈택스 상담 게시판에 문의도 남겨 봐요."

노트북을 꺼내 '국세청 홈택스'에 로그인을 한 뒤, 인터넷 상담하기에 부자남편님의 사연을 적고, 잔금일 전에 아들이 세대 분리를 하면 아버지가 1주택자로 양도세 비과세가 가능한지 문의 글을 남겼다.

"늦어도 일주일 안에 답이 오니 기다려 봐요. 이제 부자남편님도 세금에 대해 관심을 갖고 잘 알아야 해요."

"집 사는 것도 힘든데 세금까지…. 머리가 아파오네요."

"처음에는 무엇이든 어렵잖아요. 세금도 어렵고 이해가 안 되지만, 관심을 갖고 공부하다 보면 점점 용어가 익숙해지고 내 상황을 적용해볼 수 있게 돼요. 아, 그리고 이때 세금 관련 책들을 꾸준히 읽어보면 많은 도움이 될 거예요."

"휴~"

"부자남편님, 왜 그렇게 깊은 한숨을…."

"해야 되는 건 알겠는데, 뭐가 뭔지 하나도 모르겠고 글은 어찌나 많은지 읽기가 싫어요."

"처음부터 많은 걸 알려고 하면 방대한 양에 압도되어 시작도 못하게 돼요. 우리가 세무사 공부하는 것도 아니고, 그저 내 자산을 지키기 위해 기본적인 걸 알아간다고 생각하고 접근해 봐요. 스스로 세금을 알아야 상황을 정확하게 설명하고 전문가의 상담 내용도 이해할 수 있잖아요."

"어렵게 집 사서 인테리어하고 전세 놓아 '이제 끝났구나!' 했는데 세금이 기다리고 있었네요."

"부동산과 세금은 떼려야 뗄 수 없는 관계예요. 같이 차근차근 세금에 대해 공부해 나가요."

이후 이런저런 얘기를 더 나누고, 다음주 주말에 원룸을 알아보기로 하고 헤어졌다. 그리고 일주일 뒤, 국세청 홈택스에서 답변이 왔다. 나의 예상대로 부자남편님은 배우자가 없어도 30세 이상이거나 일정 금액 이상의 소득이 있어 잔금일 전에 실질적으로 세대 분리를 하면 아버지는 양도세 비과세를 받을 수 있었다. 그를 만나 국세청 홈택스에서 답변해 온 이야기를 해줬다. 걱정거리가 해결되어 밝게 웃는 그의 모습을 보니 나도 덩달아 웃음이 나왔다.

"부자남편님, 그러고 보니 우리 그동안 서로의 나이랑 이름도 몰랐네요. 전 스물아홉 유지혜예요."

"아, 저는 서른셋 김성민이라고 합니다."

"오빠 같았는데 오빠 맞네요. 부동산 강의는 나이와 상관없이 먼저 시작한 사람이 선배가 돼서 제가 그동안 선배 노릇을 했네요."

"선배 맞죠. 저보다 아는 게 많잖아요."

"성민 오빠라고 해도 되죠? 3년 정도 봐오면서 참 성실하고 좋은 사람이구나, 이런 사람과 함께 히고 싶다는 생각을 했어요. 갑자기 고백해서 놀라셨죠?"

"아… 아뇨! 사실 제가 먼저 고백을 했어야 했는데…. 전 지혜숲님을, 아니 지혜씨를 오래전부터 좋아하고 있었어요. 아무것도 없는 나를 어떻게 생각할까 싶어서 차마 말을 못하고 있었는데, 먼저 용기내 줘서 고마워요."

"전 누구를 좋아하지 못 할 줄 알았어요. 연애, 결혼은 저에게 사치였거든요. 그런데 부동산 공부를 해오면서 힘들고 지칠 때마다 오빠가 응원해주고 함께 해줘서 너무 행복했어요."

"저도 지혜씨 덕분에 많이 배울 수 있었고, 함께 할 수 있어서 행복했어요. 아직도 지혜씨가 저와 같은 마음이라는 게 믿기지가 않고 감사할 뿐이에요."

"부동산 콘서트에서 전문가분이 자산을 불리는데 제일 좋은 방법이 결혼해서 둘이 버는 거래요. 그렇다고 바로 결혼하자는 건 아니에요. 오해 금지!"

"하하하, 오해 안 해요. 이거 꿈은 아니죠?"

"꿈 아니에요. 볼이라도 꼬집어 드릴까요? 아! 그전에 오빠 집 구하는 거 생각해봤는데요. 회사와 가깝고, 임장을 다니기에도 편한 곳이면 어떨까 해요."

"임장을 다니기에 편한 곳이면 지하철역 근처인가요?"

"서울역이요. 지방으로 가기 좋고 회사와 가까워서 괜찮을 것 같아요. 저도 서울역 근처로 이사 갈 계획이거든요."

"지혜씨 회사는 강남이잖아요."

"회사 일이 저와 맞지 않아서 다른 일을 찾아볼까 해요. 또 사는 곳이 임장 가기 편한 곳이면 좋을 것 같기도 하고요."

"그러고 보면 지혜씨는 부동산 관련 일을 하면 정말 잘할 거 같아요."

"저도 부동산 일이 맞는 거 같아서 공인중개사 시험 준비하고 있었어요. 얼마 전에 공인중개사 1차 시험에도 붙었고요."

"우와~ 언제 그렇게 공부한 거예요? 회사 다니고 임장 다니느라 바빴을 텐데."

"공인중개사 관련 무료 인강을 듣고 기출문제를 풀면서 공부했어요. 한 번에 1·2차 시험 준비는 못 할거 같아서 1차 시험 먼저 하고, 내년에 2차 시험 보려고요."

"정말 대단하네요. 저는 시간 없다는 핑계로 공부해야 할 것들 다 미루고 겨우 임장만 따라가는데, 부끄럽네요."

"아니에요. 오빠도 열심히 하는 거 알아요. 퇴근 후에 공부하거나 임장에 간다는 게 사실 쉬운 일은 아니잖아요. 사람들은 '누가 부동산 사서 얼마 벌었네' 등 결과에 대해서만 얘기하는데, 그 과정이 얼마나 힘든 건지는 모를 거예요. 놀고 싶고 먹고 싶은 거 꾹 참아가면서 악착같이 돈 모으고, 없는 시간 쪼개서 공부하고, 리스크를 알면서도 투자하는 건데 말이에요."

"맞아요. 저도 집을 사기 전까지는 이렇게 힘들 줄은 몰랐어요. 아마 부동산에 관심 없는 사람들이라면 이러한 과정들은 모를 거예요."

"많은 사람들이 자산을 모아가는 게 힘들지만 그만큼 좋은 결실이 있다는 걸, 힘들어도 반드시 길이 있다는 걸 알았으면 좋겠어요."

"그러게요. 정말 저 같은 사람도 집을 샀는데, 다른 사람이라고 못하겠어요? 그런데 만약 지혜씨랑 저처럼 1주택인 남자와 2주택인 여자가 결혼을 하면 양도세 비과세를 받을 수 있는 방법은 없을까요?"

"결혼 전 1주택 남자와 1주택 여자가 2년 보유, 취득 시 조정지역이여서 거주 2년 비과세 요건을 충족했다면 혼인일로부터 5년 이내 먼저 양도하는 주택은 비과세 받을 수 있어요. 또 저처럼 여자가 비과세 요건을 충족한 일시적 2주택이라면 혼인을 하고 3주택이 되어도 일시적 2주택 비과세가 되고요."

"와~ 세금 공부를 정말 많이 했나 보네요. 물어보면 답이 척척 나와!"

"이제 다주택자이니 미리미리 공부해둬야죠."

"그럼 제가 산 집은 조정지역이라 거주하지 않으면 비과세 받을 수가 없겠네요?"

"네. 오빠가 취득할 때 조정지역이라 2년 거주해야 돼요."

"지혜씨 주택은 아까 말한 뭐였더라?"

"비과세 요건을 충족한 일시적 2주택이요?"

"맞아요! 일시적 2주택."

"일시적 2주택 비과세 적용을 받으려면 종전주택 취득 후, 1년이 지난 다음 신규주택을 취득해야 하고, 양도하는 종전주택은 2년 이상 보유 및 조정지역이면 2년 이상 거주해야 하며, 신규주택 취득일로부터 2~3년 이내 양도해야 해요. 전 하나는 조정지역이 되기 전에 취득하고, 하나는 비조정지역이라 거주요건이 없어요. 양도기한도 유념해야 하는데, 두 주택 다 조정지역이면 2년 이내, 한곳이라도 비조정지역이면 3년 이내에 종전주택을 팔아야 돼요. 종전 주택을 비과세 받기 위해 팔지, 비과세보단 보유하는 게 이익이 될지는 조금 더 따져 봐야 하고요."

"매도냐 보유냐를 수익성으로 따지다니, 정말 전문가네요."

"오빠도 다 알게 돼요. 그리고 세금으로 내 수익률이 달라지는걸 보면 세금이 조금은 재미있어질 거예요. 이제 집 알아보러 가요."

1세대 1주택 비과세

 지혜씨! 양도소득세 1세대 1주택 비과세가 중요해요?

 살 때 4억 원, 팔 때 12억 원인 집의 양도소득세 과세와 비과세 차이를 계산해볼게요.

계산 구조		과세	비과세
	양도가액	12억	12억
−	취득가액 및 필요경비 (필요경비 없음으로 가정)	4억	4억
=	양도차익	8억	8억
−	장기보유특별공제 (3년 미만으로 가정)	–	–
=	양도소득금액	8억	–
−	기본공제(250만 원 생략)	–	–
=	과세표준	8억	–
×	세율	42%	–
=	산출세액	3억	0원

 1세대 1주택 비과세 받으려면 어떻게 해야 돼요?

 거주자인 1세대가 양도일 현재, 국내 1주택을 2년 이상 보유하고 취득 시 조정지역일 경우 거주 2년을 해야 해요. 그리고 이때 양도가액이 실지거래가 12억 원을 초과한다면 초과분은 과세가 돼요.

1세대가 뭐예요?

양도소득세에서 1세대는 거주자 및 배우자가 그들과 같은 주소 또는 거소에서 생계를 같이하는 자와 함께 구성하는 가족 단위를 말하는데, 취득세에서의 1세대와는 조금은 달라요.

어떤 게 다른 거예요?

취득세는 주민등록표에 함께 기재되어 있는 가족이라고 규정하고 있어요. 따라서 실제로 같이 거주하지 않아도 1세대가 돼요. 어떻게 다른지 표로 보여 줄게요.

	취득세	양도소득세
원칙	주택을 취득하는 사람과 주민등록표 또는 등록외국인기록표 등에 함께 기재되어 있는 가족 ▷배우자와 미혼인 30세 자녀는 따로 살아도 같은 세대로 간주	거주자 및 배우자가 그들과 같은 주소 또는 거소에서 생계를 같이하는 자 ▷거주자 및 배우자의 직계존비속(그 배우자를 포함)과 형제자매 포함 ▷취학, 질병의 요양, 근무 상 또는 사업 상 형편으로 본래의 주소 또는 거소에서 일시퇴거한 사람 포함
예외	30세 미만인 미혼 자녀가 분가하여 주택 취득일이 속하는 달의 직전 12개월 동안 발생한 소득이 중위소득의 40/100 수준(22년 1인 가구 기준 월 78만 원) 이상으로써 소유하고 있는 주택 등을 관리 및 유지하면서 독립된 생계를 유지할 수 있는 경우(미성년자 제외)	배우자가 없어도 다음의 경우에는 1세대 ▷거주자의 나이가 30세 이상인 경우 ▷배우자가 사망하거나 이혼한 경우 ▷소득이 중위소득의 40/100 수준(22년 1인 가구 기준 월 78만 원) 이상으로써 소유하고 있는 주택 등을 관리 및 유지하면서 독립된 생계를 유지할 수 있는 경우(미성년자의 경우 제외하되 결혼 등 예외 사유 있음)

동일세대인지 잘 따져봐야 하는군요. 1주택에서는 조심해야 하는 게 있나요?

양도세는 허가 여부나 공부상의 용도 구분에 관계없이 사실상 주거용으로 사용하면 주택이라고 하는데, 용도가 분명하지 아니할 때는 공부상의 용도에 따른다고 해요. 따라서 취득세, 양도세, 종부세 모두 주택 수 포함 여부가 다르기 때문에 나의 보유주택이 주택 수에 포함되는지 안 되는지를 알아야 해요.

보유 2년도 알아야 할 게 있나요?

주택의 취득일부터 양도일까지 2년 이상 보유해야 돼요. 2021년 1월 1일 이후 한 채를 보유했다면 기존대로 주택 취득일이 보유기간 기산일이 되지만, 두 채 이상이 되면 보유기간 기산일이 주택 취득일이냐 종전주택 양도일이냐를 따져봐야 했어요. 하지만 2022년 5월 10일 이후 양도분부터는 보유기간 기산일은 주택의 취득일만이에요.

보유기간 기산일이 바뀐지 모르고 팔았으면 어떡해요?

바뀐 법을 몰랐다고 해서 구제될 수 있는 방법은 없어요. 그래서 법 개정되는 걸 모두 알 수는 없지만, 나에게 해당되는 게 있는지는 팔기 전에 확인해봐야 해요.

그럼 거주 2년도 알아야 할 게 있나요?

양도세는 양도 시점을 기준으로 판단을 하는데, 거주요건은 취득 당시로 판단을 하게 돼요. 그래서 양도 당시 조정지역에서 해제되더라도 취득 당시 조정지역이였다면 2년 이상 거주를 해야 돼요.

조정지역이 해제됐다고 거주요건이 없어지는 게 아니군요?

 네. 취득 시 조정지역이면 거주 2년 요건이 있어요. 그런데 만약 조정지역 공고 이전에 매매 계약을 하고 계약금을 지급한 사실이 증빙 서류에 의하여 확인되는 무주택 1세대의 경우에는 거주요건이 적용되지 않아요.

 1세대 1주택 비과세 요건에 충족하고 양도가액이 12억 이하이면 양도소득세 신고를 안해도 되는 거예요?

 양도세가 비과세되는 경우에는 신고 의무가 없다고 해요. 하지만 보유 및 거주기간 등이 확인되지 않는 경우이거나 거주주택 비과세 등에 해당하는 경우에는 비과세 요건 입증 서류를 첨부해서 신고해야 해요.

2편_

우린 어떤 선택을 해야 하는 걸까?

서연 엄마

40대 워킹맘 (닉네임: 서연맘)

서울 아파트 분양에 당첨된 후 부동산에 눈을 떴다. 이후 자산을 늘리기 위해 고군분투하다가 아이의 학령기로 인해 학군지로 이사 가기를 희망하지만, 세금 문제로 갈아타기를 고민하게 된다.

상급지로 갈아타 보자

내 집을 갖게 되면 모든 게 편안해질 줄 알았다.
하지만 아이를 위해 원하고 필요한 집이 달라졌다.
우린 어떤 선택을 해야 하는 걸까?

고민이 깊어만 간다. 내 집을 갖게 되면 모든 게 편안해질 줄 알았다. 집 한 채 마련하기도 어려운 시기에 상급지로 갈아타는 것을 고민한다면 배부른 소리라고 하겠지. 그래서 난 누구에게도 이 고민을 털어놓을 수 없다. 아이가 학령기에 접어들면서 좋은 교육 환경에서 아이를 키우고 싶은 마음은 어느 부모나 마찬가지일 것이다. 나 또한 아이를 위해 원하고 필요한 집이 달라졌을 뿐이다. 얼마 후면 양도세 1세대 1주택 비과세 요건을 충족하게 된다. 집값 상승으로 비과세를 받고 안 받고 차이가 많이 나서 비과세를 받을 수 있을 때까지 기다렸다. 하지만 기다리는 동안 상급지는 더 많이 올라 내 집을 팔아도 많은 자금이 필요하다. 가고 싶어도 갈 수 없음에 좌절하게 되는 현실이다. 그래도 가격 눌림이 있는 곳이 있지 않을까, 찾다보면 기회가 오지 않을까, 실낱같은 희망을 갖고 찾아본다.

'KB 부동산'에서 내가 가고자 하는 지역과 그 주위의 지역까지 나의 가용 자금으로 매매할 수 있는 아파트 50개를 찾았다. 이후 'KB 시세 조회'를 다운로드 해서 2004년부터 현재까지의 가격 흐름을 살펴본다. 50개의 아파트가 우상향한 것은 동일하지만, 가격 변동에는 약간의 시기 차이가 있는 게 보인다. 그리고 2017년 8.2 대책, 2018년 9.13 대책, 2019년 12.16 대책 등 대책이 있을 때마다 조정이 있었다. 준비된 자라면 분명히 이때 기회를 잡았을 것이다. 만약 나라면 가격이 하락하는 것을 보고 살 용기가 있었을까. 없다는 걸 알기에 '가격이 하락하면 사야지.'라는 생각은 애초에 하지 않는다. 50개의 아파트에서 선택지는 10개의 아파트로 줄어든다. 여기서도 제일 좋은 입지에 30년이 넘어 재건축을 기대하는 아파트, 좋은 입지에 구축, 보통 입지에 준신축 등을 선택지에 두고 고민한다. 신축은 선택지에 없다. 그렇기에 살기 불편함을 감수하면서 상급지로 가야 하는 것인지 다시 고민에 빠지게 된다. 정답은 없다. 하지만 4년 전의 나와 지금의 나는 다르기에 어떤 선택을 하게 될지 알 것 같다.

2012년에 결혼을 하고 전세로 2년마다 이사를 했다. 당시에는 대출이 무서웠고 집은 사는 게 아니라고 생각했다. 그러다가 아이가 태어났고, 2년마다 이사하는 것이 더 무리라는 걸 깨닫게 되었다. 마침 집 근처에 분양하는 아파트가 있어 2015년 처음으로 아파트 청약을 시작했다. 예비 4번이 되어 3개월 된 아기를 안고 내 순서가 오기를 하염없이 기다렸다. 그때까지만 해도 당첨은 쉬운 일인 줄 알았다.

결국 내 순번까지 오지 않았고 또 이사를 하게 됐다. 당첨이 되지 않은 이후로 남편이 회사 근처에 분양하는 아파트가 있다며 청약을 한다고 했을 때까지 꽤 오랜 시간 청약을 잊고 살았다. 그리고 그때 20년째 살고 있는 동네를 벗어나기 싫어 청약을 반대하기도 했었다. 하지만 남편은 청약을 했고, 2017년 당첨이 되었다.

우리 부부는 평소대로 회사를 다니며 똑같은 월급을 받았는데, 집이 생긴 것만으로 자산이 불어나고 있었다. 신기했다. 부동산에 대해 더 알고 싶어졌고, 어떻게 해야 되는 건지 궁금해졌다. 이후 부동산에 대해 잘 아는 사람에게 많은 것들을 물어보고 싶었지만, 내 주위에는 물어볼 만한 사람이 없었다. 그렇기에 스스로 방법을 찾아야만 했다.

방법을 찾기 위해 수많은 책들을 읽었다. 책을 읽고 부동산 강의가 있다는 것을 알게 되어 강의 신청을 했다. 강의실에 빽빽하게 앉아 있는 사람들을 보고 놀라웠다. 3시간의 강의가 끝나고 조가 짜여졌다. 내가 속한 조는 5년차 조장님, 3년차 지혜숲님, 신입 부자남편님, 나 서연맘까지 총 4명이었다.

내 집 마련을 위해 2014년도부터 강의를 듣기 시작했는데, 운 좋게 부동산 상승장을 탔다는 조장님, 20대이면서 적은 월급으로 투자를 하고 있다는 지혜숲님, 이미 늦은 건 아닌지 불안해하는 신입 부자남편님이 한자리에 모였다. 하는 일과 나이가 다른 각자의 사연들을 가진 사람들이 동일한 목표를 이루기 위해 모인 것이다. 간단한 자기소개 후, 부동산 중개소 방문 10회, 매물 보기 20개가 첫 과제로 주어졌는데, 아이가 어려서 임장을 다닐 수 있을지 걱정이 되었다.

처음에는 나와 하루 종일 떨어져 있던 아이를 두고 임장을 가야 하는 발걸음이 쉬이 떨어지지 않았다. 그래서 주말에는 남편과 아이와 함께 매물을 보러 다녔고, 평일에는 아이를 어린이집에서 데려와 같이 집을 보러 다녔다. 그렇게 시간이 흐르고 어느새 아이는 집을 다 보고 난 후, '지금 본 집보다 주말에 본 집이 더 좋은 것 같아.'라는 평을 해주기도 하고, 오래된 아파트를 보고 '이 아파트는 땅의 가치가 높은 거야?' 등 부모의 대화를 기억해서 물어보곤 하였다. 아이가 집에 대해 묻고 싶은 게 있으면 언제든지 엄마를 찾았으면 좋겠다. 아이와 돈에 관한 얘기를 편하고 즐겁게 할 수 있는 엄마가 되고 싶다.

워킹맘으로 시간에 쫓기다 보면 점심시간 30분은 소중하다. 동료들이 커피를 마시러 나간 사이, 난 임장 과제를 위해 전화기를 든다. 처음에는 워밍업으로 전세 버전 전화를 한다.

"사장님, 안녕하세요. 가다아파트 24평 전세 매물을 찾는데, 괜찮은 집 있는지 알아보려고 연락드렸어요."

"요즘 전세가 귀해요. 언제 이사 예정이세요?"

"부모님 집에서 분가하는 거라 날짜는 상관없어요."

"전세를 찾는 사람은 많은데 전세 물량이 없어서 구하려면 빨리 움직이는 게 좋을 거예요."

"전세 시세는 어때요? 가다아파트 주위에 다른 아파트도 전세가 없을까요?"

"전세는 매물이 나오자마자 바로 빠지기 때문에 전세기도 계속 올라가고 있어요. 주위 아파트도 비슷하고요."

"네. 알려주셔서 감사합니다."

전화 임장 내용을 메모한다.

가다아파트 전세 물량이 없어 전세가가 오르고 있다. 주위 아파트도 비슷한 상황. 부동산 사장님 사무적.

달달한 믹스커피를 한 모금하고, 이번에는 매수자 버전으로 전화를 한다.

"사장님, 안녕하세요. 네이버 부동산 매물보고 연락드렸어요. 가다아파트 3동 고층 2억 5천만 원에 나와 있던데, 아직 매물 있나요?"

"아직 있어요. 거주하실 거예요?"

"아니요. 당장은 사정상 입주 못하고, 한 번 전세 놓으려고요. 요새 전세가는 어때요?"

"얼마 전에 전체 리모델링한 집이 전세 최고가로 빠졌어요. 요즘 전세 물량이 없어서 전세 놓으면 잘 나갈 거예요."

"혹시 다른 괜찮은 매물은 없나요?"

"가격이 오르고 있다 보니 집주인들이 매물을 거둬들이고 있어요. 이 집은 집주인 사정이 있어서 나온 물건이고요."

"왜 이렇게 오르는 거예요?"

"GTX 노선이랑 대기업 계열사가 이곳으로 들어오거든요."

"아, 일자리 호재가 있었구나! 감사합니다. 주말에 한 번 찾아뵐게요."

그렇게 통화를 마치고, 전화 임장 내용을 메모한다.

가다아파트 교통, 일자리 호재로 매매가 오르고 있고 매물·전세 없음. 부동산 사장님 보유 물건 같고 적극적.

어느새 오후 1시가 다 되어 가고 있다. 마지막 매도자 버전으로 전화를 한다.

"사장님, 안녕하세요. 가다아파트 2동 매물 내놓으려고 하는데요. 요즘 시세가 얼마 정도 하나요?"

"몇 호예요?"

"아, 남편 모르게 알아보는 거라서요."

"매수자가 늘고 있는 추세라 호가가 2억 7천만 원까지 올랐어요. 지금 분위기 좋을 때 파는 것도 나쁘지 않아요."

"네, 남편과 상의하고 연락드릴게요."

메모를 빠르게 마무리한다.

가다아파트 호가 오르고 있음. 부동산 사장님 상냥함.

주말에 가족과 함께 가다아파트를 보러 가야겠다. 퇴근길에 이달의 독서 모임 선정책을 읽는다. 회사 일과 아이 교육, 임장, 책읽기로 하루 24시간을 쪼개어 살면서도 나는 이 생활이 좋다. 내가 성장하고 있다는 것을 알기에.

1주택＋1분양권

알아야 한다. 무엇이든 알아야 한다.
알아야 기회가 왔을 때 잡을 수 있다.

청약에 당첨된 이후로 실거주 집은 꼭 사야 한다고 무주택
자인 언니, 회사 동료, 친구에게 말했지만 나의 설득이 부족했
는지 다들 관심을 갖지 않는다. 이후 언니에게 부동산 관련 책

들을 보냈다. 책을 읽고 관심을 보이기 시작한 언니는 그제서야 청약을 하고 싶다고 말했다. 언니에게 알려주기 위해 청약 관련 책을 읽었다.

1순위 자격 편에서 민영주택 청약 1순위 자격 내용에 '2018년 12월 11일 이후 청약 당첨자나 매입한 분양권 및 입주권을 가진 경우 청약 시 유주택으로 간주함'이라는 아주 작은 글씨의 문구가 나의 눈에는 24포인트만큼 큰 글씨로 보였다. 나의 경우 2017년에 청약에 당첨됐으니 청약에서 무주택자로 인정되어 무주택기간 가점을 또 한 번 쓸 수 있다는 내용이었다. 이 사실을 청약에 당첨된 아파트 입주를 5개월 앞두고 알게 된 나는, 부랴부랴 분양권 수업을 신청하고 앞으로 분양할 아파트에 대해서 알아보았다.

이후 수업 기간 중에 분양하는 아파트가 있어 청약을 넣었다. 내 점수로는 인기 있는 A 타입보다 당첨에 유리한 B 타입이 좋다고 해서 아까웠지만 A 타입을 포기하고, B 타입을 신청했다. 그리고 청약 결과, 가점 커트라인으로 또 한 번 당첨이 되었다.

'만약 청약을 처음 신청했던 2015년 당시에 인기 있는 타입이 아닌, 당첨될 수 있는 타입을 선택했다면 예비 4번이 아니라 지금 그곳에서 살고 있었겠구나!'

알아야 한다. 무엇이든 알아야 한다. 알아야 기회가 왔을 때 잡을 수 있다. 난 그렇게 입주를 보름 앞두고 새로운 아파트 분양권을 계약했고, 언니 역시 유주택자가 되었다.

1주택, 1분양권이 되고 나니 부동산 정책이 바뀔 때마다 신경이 쓰인다. 남편도 부동산 정책으로 세금이 바뀔 때마다 우리와는 관련이 없는지 재차 물어본다.

"블로그에 '분양권 2개가 일시적 2주택이 될 때 중복보유기간은 어떻게 되는가'에 대한 글 올라왔던데 읽어봤어?"

"응. 분양권 두 개가 주택이 되어 일시적 2주택이 될 때 중복보유기간 판정이 법으로 명확하지 않아 기획재정부 유권 해석이 나왔나봐. 우리한테 해당되는 내용이어서 잘 읽어봤지."

"난 읽어봐도 뭔지 모르겠던데."

"우린 조정지역일 때 1개의 분양권을 계약했고, 비조정지역일 때 1개의 분양권을 계약했어. 그래서 이 분양권이 주택으로 전환됐을 땐 둘 다 조정지역이긴 하지만, 이미 비조정지역일 때 계약했기에 중복보유기간은 3년이 되는 거지."

"3년이면 다행이네. 나는 2년 이내에 팔아야 되는 줄 알고 어떻게 해야 되나 고민하고 있었거든."

"비조정지역일 때 계약한 납세자는 3년의 중복보유기간을 예상했을 거라 조정지역으로 바뀌더라도 기대 이익을 보호해주기 위해 계속 3년의 중복보유기간을 인정해주는 거야."

"그럼 1주택이면서 1분양권 추가 취득 또는 1분양권이면서 1주택 추가 취득도 어느 한 곳이 계약할 때 비조정지역에 있었으면 중복보유기간이 3년인 거네?"

"맞아. 그런데 비조정지역이 한 곳이라도 있으면 3년이지만, 분양권과 주택 모두 조정지역이라면 얘기가 달라져. 이때 1주택이면서 1분양권을 추가 취득한 경우에는 분양권 취득 시점에 따라 중복보유기간 1~3년이 정해지고, 1분양권이면서 1주택을 추가 취득한 경우에는 1주택 취득 시점에 따라 중복보유기간 1~3년이 정해지는 거지."

"중복보유기간을 따지는 것도 복잡하네."

"그래도 조금만 공부하면 금방 알게 돼. 아! 그리고 2021년 1월부터 분양권도 주택 수에 포함되는 거 알지?"

"응. 그건 알지."

"조금 전까지 설명한 중복보유기간은 2021년 이전에 취득한 분양권의 경우이고, 2021년 이후부터는 1분양권이면서 1주택을 추가 취득한 경우 일시적 2주택이 될 수가 없어."

"그럼 1주택이면서 1분양권 추가 취득도 안 되는 거야?"

"아니, 그건 가능해. 1주택자가 1년이 지난 후에 1분양권을 취득하고, 그 취득일로부터 3년 이내에 1주택을 양도하면 비과세를 받을 수 있어. 그런데 만약 3년 이내에 1주택을 양도하지 못했다면 준공 전 또는 준공 후 2년 이내에 그 준공 아파트로 전 세대원이 전입해서 1년 이상 계속 거주해야만 해. 그래야 양도세 비과세가 가능하거든."

"분양권이 주택 수에 포함되니 복잡해지네. 만약 우리처럼 2개의 분양권이 주택이 되는 경우는?"

"둘 다 2021년 이전의 분양권이고 조정지역이라면 처음 1개의 분양권이 주택이 되는 취득시기에 따라 1~3년의 중복보유기간이 적용되는 거지. 그럼 2021년 이전에 1분양권이면서 2021년 이후에 1분양권을 추가 취득한다면 어떻게 될 거 같아?"

"그러면 일시적 2주택이 안 되는 거 아니야? 아까 2021년 이후 1분양권이면서 1주택이 되면 비과세가 안 된다고 했잖아."

"그렇지. 2021년 이전 1분양권의 준공이 2021년 이후 1분양권의 취득 후가 되면 1분양권과 1주택자 되어 일시적 2주택이 안 되는 거지. 그럼 둘 다 2021년 이후 1분양권이면서 1분양권을 추가 취득한 경우라면?"

"일시적 2주택이 될 수 없다?"

“잘 맞추네.”

“일시적 2주택은 해결됐고, 그럼 취득세는 어떻게 돼?”

“그것도 블로그에 따르면 2020년 7월 10일 이전에 분양권 계약을 한 경우, 종전 규정을 적용받아서 1% 받을 수 있어. 조정지역이 됐다고 2주택으로 8% 적용됐으면 화났을 거 같아.”

“블로그 도움을 많이 받네.”

“세무사분들의 블로그를 읽고 있는데, 도움이 정말 많이 돼서 항상 감사하지.”

“다들 바쁘실 텐데도 불구하고 지식을 무료 나눔하시는 거잖아. 매일 글 쓰는 게 쉬운 일도 아닐 텐데.”

“맞아. 그리고 부동산 블로거분들한테도 고맙고…. 내가 어떻게 그분들을 만나서 이런 이야기를 들을 수 있겠어. 매일 올라오는 글들을 읽는 것만으로도 부동산 트렌드와 동향을 알 수 있으니 무료 강의를 듣는 것만 같아.”

“하루에 그 많은 블로거 글들을 전부 다 읽는 거야?”

“응, 전부 다 읽는 편이야. 자기가 강의 듣고 임장하러 가는 거 못마땅하게 여기니까 글로라도 배우려고 하는 거지.”

“내가 언제 강의 듣는 거 못마땅해 했어. 서연이가 엄마랑 떨어지는 거 싫어하고 저녁 늦게까지 강의 듣고 임장 다니고 하니까 걱정돼서 그러는 거지."

"미혼자들 자유롭게 다니는 게 제일 부럽더라."

"서연이가 조금만 더 크면 시간적 여유가 생길 거야. 그때 같이 다니면 되지. 너무 조급하게 생각하지마."

"그게 마음처럼 잘 안 돼. 뒤쳐진 만큼 빨리 달려 나가고 싶은데 시간적·경제적 여유가 없으니 답답해."

"누구한테 뒤쳐진 건데? 친구, 회사 동료? 왜 다른 사람과 비교해서 자기를 힘들게 해. 불과 4년 전만 해도 집 한 채 없던 우리가 이만큼 한 것도 잘 한 거잖아."

"알아. 알면서도 자꾸 '조금만 더 빨리 알았다면' 하는 마음이 들어 힘드네."

"알면서도 실행하지 않는 사람도 많아. 우린 우리의 속도에 맞게 잘 해나가고 있잖아. 그러니 마음 편하게 지내자."

"우리 잘하고 있는거 맞는 거겠지? 우리 상황에 맞게 최선의 선택을 하고 있는거 맞겠지?"

구축 아파트 매매를 반대하는 남편과 양도세 비과세 요건 충족을 기다리는 동안 많은 기회들이 사라졌다는 걸 안다. 하지만 4년여 동안 공부한 것들이 차곡차곡 쌓여 있을 거라고 믿는다.

2022년 5월 10일을 기억하자

비과세를 위해 2년을 더 기다릴까?
비과세를 포기하고 상급지로 갈아탈까?
우린 어떤 선택을 해야 하는 걸까?

조정지역 2주택자일 경우 취득세 중과, 양도세 중과, 종부세 중과 3종 세트에서 자유로울 수가 없다. 2017년 8월 2일 부동산 정책부터 새로운 부동산 정책이 나올 때마다 나에게 해당

되는 것은 없는지 꼼꼼히 챙겨보게 된다. 남편도 퇴근 후 연일 보도되는 부동산 정책에 대한 소식을 이야기한다.

"새로운 부동산 정책이 발표되고 있는데, 우리에게 적용될 만한 게 있어?"

"2022년 5월 10일부터 다주택자 양도세 중과 1년간 한시 배제, 최종 1주택 규정 폐지, 조정지역 일시적 2주택의 양도시기 2년, 신규주택으로의 전입 요건 폐지 등이 있어."

"양도세 고가주택 기준이 12억으로 바뀌었고, 일시적 2주택 규제도 완화됐으니 갈아타기 할 수 있는 거 아냐?"

"분양권 잔금일 전에 2년 이상 산 이 집을 팔고 다른 집을 사서 이사를 간다면 양도세 비과세에는 문제가 없어. 다만, 분양받은 아파트가 완공이 되면 공동명의로 인해 조정지역 2주택 종부세 중과세율을 받을 거야. 종부세는 매년 내야 하기 때문에 부담스럽지."

"당연히 부부 공동명의로 하는 거라 생각했지. 요즘 공동명의로 많이 하지 않나?"

"공동명의가 유리한 점이 있으니까. 우리도 양도세에선 공동명의가 나은데 종부세에서 불리해진 거잖아. 하필 공동명의를 한 뒤에 종부세 중과 규정이 나오다니, 어쩔 수가 없네."

"종부세 중과 규정이 바뀔 수도 있지 않을까?"

"두 채를 부부 공동명의한 것과 부부가 각각 한 채를 보유한 경우, 세금의 차이가 있다 보니 보유주택 호수에 따른 과세에서 가액 기준으로 변경한다는 얘기가 있기는 한데, 법이 개정될지는 지켜봐야지."

"세법이 계속 바뀌니까 예측을 할 수가 없네. 갈아타기 했다가 종부세 개정이 안되면 세금이 부담되고, 이 집에서 계속 사는 중에 종부세가 바뀌면 양도세 비과세 타이밍을 놓쳐 버리는 거잖아."

"그러게. 부동산 시장에 따라 세금이 이렇게 많이 바뀔 줄은 몰랐어."

"그나마 세금 완화 정책이 나오고 있기는 한데, 앞으로 얼마나 바뀔지… 매번 정책이 발표될 때마다 신경 쓰는 것도 일이네."

"부동산에 관심을 갖기 시작했으니 어쩔 수 없지. 만약 그전에 세금과 대출 정책이 중요한 걸 알았다면 다른 선택을 했었을 텐데…."

"부동산에서 세금과 대출 정책이 이렇게나 중요할 줄은 몰랐어. 그저 집만 사면 되는줄 알았잖아."

"이제는 분양 아파트 잔금일이 얼마 안 남아서 갈아타기 여부를 결정해야 돼."

"전매 제한 때문에 분양권 상태에서는 매도도 못 하는데 어쩌지?"

"만약 분양권을 양도할 수 있다고 해도 세율이 60%~70%로 높아. 다른 대안이 있기는 한데…. 반복적 일시적 2주택으로 만들어서 이 집과 분양받은 아파트 모두 비과세를 받는거야."

"그게 가능해?"

"지금은 조정지역이지만 비조정지역일 때 분양권 계약을 해서 처분기한이 3년이고, 계약 당시 무주택자였기에 거주요건이 없어. 그래서 분양 아파트 잔금일 1년 후에 이사를 가서 이 집을 팔고, 잔금일 2년 후에는 분양 아파트를 파는 거지. 그러면 두 채 다 비과세를 받을수 있어."

"그런 달콤한 결과를 얻는데 불이익은 없을까?"

"반복적 일시적 2주택 비과세를 받기 위해 2년 이상을 더 기다리는 동안 상급지의 집값은 더 많이 올라가게 될거야. 최악의 경우 아예 갈아탈 수 없게 될지도 몰라."

"비과세가 된다면 두 채 다 비과세를 받아야 되는거 아냐?"

"글쎄, 비과세가 절세 방법이 맞기는 하지만 비과세 요건 충족을 위해 2년의 시간을 더 보내야 되는 게 맞는 건가 싶어."

"2년 뒤 집값이 오를지 내릴지 모르지만, 비과세가 확실하다면 확실한 쪽을 선택해야 되지 않을까?"

"비과세가 무조건 유리하지 않을 수도 있어. 양도차익에 따라서 달리 생각해봐야 하기 때문에 비과세만 고집하는 건 아닌 거 같아. 그리고 이제는 아이도 고려해야 되잖아."

"우린 어떤 선택을 해야 하는 걸까?"

갈아타려면 선택을 해야만 한다. 어떤 선택이 최선일까….

1세대 2주택 비과세 특례

서연 엄마 2주택이 되면 세금이 많아져?

어떤 경우냐에 따라 다른데, 일시적 2주택, 상속으로 2주택, 혼인합가로 2주택, 동거봉양으로 2주택, 장기임대주택과 거주주택으로 2주택이 되면 비과세를 받을 수 있는 방법이 있어요.

2주택 이상 보유한 사람도 비과세 받을 수 있는 거야?

네. 일시적 2주택자가 상속받은 주택이 있어서 3주택이 되거나 혼인합가로 2주택자가 동거봉양하여 3주택이 되는 등 두 개의 비과세 특례가 혼합되고 요건을 다 충족했다면 비과세가 가능해요. 하지만 3가지의 비과세 특례가 혼합된 건 비과세를 받을 수 없어요.

각각 비과세 특례의 요건은 다르겠지?

맞아요. 부득이하게 2주택이 된 사유가 다르니 그에 따른 요건이 각각 있어요.

일시적 2주택 비과세 특례가 뭐야?

1주택을 보유한 1세대가 그 주택(종전주택)을 양도하기 전에 다른 주택(신규주택)을 취득하여 일시적으로 2주택이 된 경우에 3가지의 요건을 충족하면 종전주택에 비과세가 적용되는 거예요.

3가지 요건이 뭔데?

종전주택을 취득한 날로부터 1년이 지난 후 신규주택을 취득하고, 종전 주택을 2년 이상 보유 및 조정지역의 주택을 취득한 경우는 2년 이상 거주해야 하며, 신규주택을 취득한 날로부터 1~3년 이내에 종전주택을 양도해야 해요.

양도해야 하는 기간이 1~3년으로 달라?

2주택 중 어느 한 곳이 비조정지역이라면 3년 이내에 양도하면 되지만, 두 곳 모두 조정지역이라면 신규주택 취득일자에 따라 1~3년이 달라져요. 정리된 표가 있어서 보여줄게요.

신규주택 취득일자	종전주택 양도기한	
2018년 09월 13일 이전	3년	
2018년 09월 14일~2019년 12월 16일	2년	
2019년 12월 17일 이후	2022.05.09. 이전 양도	1년+ 신규주택 1년 내 전입 (임차인이 있는 경우 전입시기 연장, 최대 2년)
	2022.05.10. 이후 양도	2년

상속으로 인한 2주택의 비과세 특례는 뭐야?

1주택을 보유한 1세대가 그 주택(일반주택)을 양도하기 전에 주택을 상속받아 2주택이 된 경우, 상속주택은 주택 수에서 제외하므로 일반주택 양도 시 1세대 1주택 비과세를 적용하는 거예요.

상속받은 주택이 형제 간 공동 상속이면 어떡해?

상속 지분이 가장 큰 상속인의 소유주택(상속 지분이 가장 큰 상속인이 2명 이상인 경우에는 그 상속주택에 거주하는 자, 최연장자 순서로 판정)으로 보고, 소수지분자의 주택으로 보지 않아요. 소수지분자의 상속주택이 2채 이상인 경우는 선순위 상속주택만 주택 수에서 제외해줘요.

혼인합가 2주택과 동거봉양 2주택은 요건이 비슷할 거 같은데, 어때?

하나의 세대가 다른 세대와 합치는 거여서 비슷해요.

혼인합가로 인한 2주택의 비과세 특례는 뭐야?

1주택 남자와 1주택 여자가 혼인하여 혼인 신고한 날로부터 5년 이내에 먼저 양도하는 주택(비과세 요건을 충족한 주택)에 1세대 1주택 비과세를 적용해요.

1주택 남자와 2주택 여자가 결혼해도 비과세가 돼?

결혼하여 3주택이 되어도 비과세 될 수 있는 경우가 있어요. 여자의 2주택이 일시적 2주택 비과세 요건을 충족했다면 일시적 2주택 비과세 특례로 1채를 양도한 후, 남은 2채 중 비과세 요건을 충족한 1채를 혼인 신고한 날부터 5년 이내 양도하면 혼입합가 비과세 특례를 적용받아요.

일시적 2주택과 혼입합가로 인한 2주택이 혼재된 거네?

맞아요. 여자가 결혼하지 않았다면 비과세를 받을 수 있는데, 결혼해서 비과세를 못 받는 건 형평성에 어긋나겠죠.

동거봉양으로 인한 2주택의 비과세 특례는 어떻게 돼?

1세대 1주택자가 1주택을 보유한 60세 이상의 직계존속을 동거봉양하기 위하여 세대를 합치는 경우, 합가일로부터 10년 이내에 먼저 양도하는 주택(비과세 요건을 충족한 주택)에 1세대 1주택 비과세를 적용해요.

부모님 연세도 기준이 있는 거구나?

합가일에 부모님 중 어느 한분이 60세 이상이면 되는데, 중증질환자 등 동거봉양이 불가피한 경우에는 60세 미만도 포함 돼요.

마지막으로 장기임대주택과 거주주택으로 인한 2주택의 비과세 특례는 뭐야?

장기임대주택에 대해 설명할 게 많아서 거주주택 비과세 특례는 다음에 얘기해줄게요.

3편_

우리가 열심히
사는 이유 1

ON OFF

MU % √ ▶ ÷

MC 7 8 9 ×

C 4 5 6 −

AC 1 2 3

0 00 · = +

인자하고 사랑이 넘치는
60대 할머니

30년 전 대학 강사인 남편의 월급으로만 살기 어려워 부동산 투자를 하게 되고 대기업 맞벌이 아들 내외와 합가하기 위해 한강이 보이는 강남의 새 아파트로 이사를 한다. 여고 동창인 순자, 정희의 고민을 함께 나누는 다정한 친구이다.

대기업에 근무하는
영숙의 아들

부동산 투자를 잘하는 어머니 덕분에 경제적으로 여유로운 가정에서 자랐으며, 생애 주기에 맞게 집을 사게 되면서 강남에 아파트를 소유하게 된다.

대기업 맞벌이, 강남 부모님 찝에 들어가다

손주를 키우는 기쁨과 보람.
내 인생에 아이를 키우는 두 번의 기회가 주어져 감사하다.
이 아이들이 하고자 하는 일을 하며 행복하게 살았으면 좋겠다.

손주들과 한강에 나왔다. 집 앞에서 토끼굴만 지나면 한강 고수부지이다. 돗자리를 펴고 손주들 밥을 먹인다. 조금 전까지 집에서 밥을 안 먹겠다고 난리를 치던 둘째는 언제 그랬냐는 듯이 주먹밥을 더 달라며 잘도 먹는다. 나와서는 밥을 잘 먹으니 궂은 날씨만 아니면 한강에 나오게 된다. 첫째가 비눗방울을 불면 둘째는 잡겠다고 뛰기 바쁘다. 이렇듯 손주들이 뛰어 노는 모습을 보면 정말 행복하다.

새벽에 출근하는 며느리, 야근이 잦은 큰아들 내외는 맞벌이에 피곤할 법도 하지만, 퇴근 후 아이까지 돌보는 등 힘든 내색을 전혀 하지 않았다. 아마 책임감이 강한 아들이기에 내게 육아 도움을 먼저 요청하지 못했을 것이다. 그 모습을 보고 있으니 오히려 안쓰러워 내가 먼저 아들에게 아이들이 크는 동안만 같이 살자고 했다.

하루하루 커가는 손주들을 보고 있노라면 40년 전의 아들, 딸 모습이 생각난다. 내 인생에서 두 번이나 아이를 키우는 기쁨과 보람을 느껴본다. 핸드폰 진동이 울린다.

"여보세요?"

"영숙아, 나 세무서 왔는데 여기 공무원이 세금을 6천만 원이나 내라고 하네. 이게 말이 되니?"

순자가 이렇게나 빨리 오피스텔을 팔 줄 몰랐다.

"순자야, 우선 신고하지 말고 나한테 와."

전화를 끊고, 곧바로 세무사 사무실에 전화를 걸었다.

"세무사님, 친구가 임대 등록한 오피스텔을 팔고 바로 거주 주택을 팔았다고 하는데, 비과세를 받을 수 없는 게 맞나요?"

"2021년부터 최종 1주택 비과세를 받기 위한 보유기간 기산일이 바뀌어서 오피스텔을 판 날로부터 2년 보유 및 거주를 했어야 하는데, 하지 않으셨다면 지금 얘기만으로는 비과세가 안 되는 게 맞아요. 하지만 최종 1주택 규정을 달리 생각할 수 있어서 기획재정부의 유권 해석[1]이 나오기를 기다려봐야 해요. 유권 해석에 따라 이번에 신고 납부를 했더라도 최종 1주택 규정을 적용받지 않게 되면, 경정 청구를 통해서 환급을 받을 수도 있거든요. 우선 서류를 보고 정확하게 말씀드릴게요."

"네. 친구가 오기로 했으니까 서류 챙겨서 보낼게요. 바쁘신데 감사해요."

"아니에요. 여사님이 연락주시면 알려드려야죠."

"아, 그리고 지난 번 증여 상담 건이 타임 차지에 포함되어 있지 않던데, 상담도 타임 차지에 넣으세요. 바쁜 세무사님 시간을 뺏은 건데요."

---

[1] 기획재정부 재산세제과-895(2022. 08. 05.)
특례주택(상속주택, 장기임대주택 등)과 일반주택(거주주택)을 보유한 경우로써 특례주택을 먼저 양도한 후 남은 일반주택을 양도해도 최종 1주택 규정이 적용되지 않는다.

"아닙니다. 당연히 제가 해야 할 일인데요. 괜찮습니다."

그렇게 세무사님과 통화 후 맞은 편 남산을 바라본다. 그때 순자에게 권하지 말걸….

2017년 12월의 어느 날.

오랜만에 여고 동창 모임을 했다. 사는 게 뭐가 그리 바쁜지 모임을 미루다 연말이 되어서야 만났다. 친구들을 만나면 항상 자식 얘기, 남편 얘기를 주로 하는데, 이번에는 웬일인지 다들 부동산 이야기를 한다. 어느 동네에 사느냐에 따라 오른 폭이 다를 뿐, 다들 자신의 집값이 오른 것에 대해 믿지 못하는 눈치였다. 아마 내가 친구들 중에서 집값이 제일 많이 올랐을 거다. 하지만 나는 조용히 친구들의 말을 듣고 있었다.

"영숙아. 너네 집값도 많이 올랐지?"

"그렇지. 요즘 안 오른 집이 어딨겠어."

"강남 아파트이니 우리보다는 많이 올랐겠지. 애들 교육시킨다고 강남으로 이사 갈 때 영숙이 따라 갔어야 하는 건데."

그 말을 듣고 있던 순자가 닭다리를 뜯으며 얘기한다.

"강남으로 가면 뭐 특별한 게 있나. 치열한 경쟁 탓에 애들 공부시키느라고 힘만 들지."

"순자야. 영숙이네 애들 서울대에 대기업 다니는 거 알잖아."

"그러니까. 거기에 가려고 애들이 얼마나 힘들었겠어."

친구들의 시선이 나에게 쏠린다.

"강남으로 공부하려는 아이들이 모이다 보니 서로 좋은 영향을 주고받으면서 공부할 수 있는 환경이 좋았어. 경쟁과 스트레스 없는 곳이 어디 있겠니. 다행히 아이들이 성실하고 공부 머리가 있었던 거지."

"영숙이 넌 좋겠다. 자식, 부동산 다 잘 돼서."

"우리 모두 다 잘 됐지. 아이들은 건강하게 자기 일 잘하고 우리들은 집값 오르고. 그러니까 이렇게 다 같이 모여서 즐겁게 맥주 한 잔 하잖아."

"그러게 말이야. 이제 부동산, 자식 얘기 그만하고 먹자, 먹어."

이후 오랜만에 만난 친구들과 어릴 적 이야기를 하며 즐거운 시간을 보냈다. 그렇게 한참을 웃고 떠들다 보니 어느새 저녁 열시가 되었다. 다음에 만날 날을 기약하며 친구들과 헤어지는데, 순자와 정희가 나를 부른다.

"영숙아. 부동산 투자를 하고 싶은데 우린 잘 모르니까⋯. 혹시 투자할 만한 데 있어?"

"글쎄, 투자라는 게 누구 추천 받아서 하는 게 아니라⋯."

"네가 하는 말은 믿을 만해서 그래. 우리가 어디 가서 이런 걸 묻겠어."

"친구라도 물건 추천은 조심스러워."

"친구 좋다는 게 뭐야. 하나만 알려줘."

"그럼 생각해 볼 시간을 줘."

"알았어. 일주일 정도 있다가 내가 전화할게."

순자와 정희는 초중고를 함께 보낸 죽마고우들이다. 그렇기에 그들의 부탁을 거절하기도 어렵고, 그렇다고 추천을 해도 되는 건지 염려가 된다.

　어느새 성인이 되어 버린 아이들의 친구 엄마들과 브런치를 먹고 있다. 30년이 지났지만 한결같은 동네 친구들이다. 우리는 이 모임을 공부하는 엄마 모임, '공모'라고 한다. 약사, 선생님, 회사원이었던 엄마들은 이제 자기 일에서 물러나 한가롭게 오전 시간을 보낸다. 이번에 어떤 부동산 대책이 나왔는지, DSR 도입이 부동산에 어떤 영향을 미칠지, 임대주택 등록을 하는 게 좋을지, 서로 물어볼 것도 많고 할 말도 많다. 또 부동산으로 수익을 얻었다고 하면 배 아파하고 질투하는 것이 아니라, 진심으로 축하하고 매매 과정을 듣고 인사이트를 얻어간다. 가정주부인 내가 사회에서 활동하는 이 엄마들을 어떻게 만날 수 있었겠는가. 아이들 덕분에 좋은 친구들이 생겼다. 핸드폰 진동이 울린다.

"영숙아. 생각해 봤어?"

"정희야, 순자랑 셋이 만나자. 전화로는 설명하기가 어려워."

"그래, 언제 시간 돼?"

"내일 오전이 괜찮을 것 같아."

"알겠어. 순자랑 너희 집 근처로 갈게."

"아니야, 내일 오후에 가볼 곳이 있어서 광화문에서 보자."

"그래, 내일 보자."

투자를 하겠다는 친구들을 막을 순 없다. 막아서도 안 된다. 하지만 투자의 책임은 본인에게 있다. 난 내가 아는 선에서 도움을 주면 된다.

약속 시간보다 일찍 도착해 광화문 광장에서 경복궁을 바라본다. 경복궁을 보면 먼저 간 남편 생각이 난다. 몇 년 전만 해도 남편의 강의가 끝날 때까지 정독도서관에서 책을 읽었다. 그리고 남편을 만나 경복궁을 거닐다 집으로 돌아오는 하루가 너무나 좋았는데, 곁에 없는 남편이 그립다.

광화문 근처에 있는 서점에 들러 새로 나온 책은 무엇이 있는지 둘러본다. '부동산', '아파트' 제목의 책들이 많다. 서점에서 부동산 시장이 뜨겁다는 걸 느낀다. 순자와 정희를 만났다. 자리에 앉자마자 순자가 묻는다.

"영숙아. 어디 괜찮은 투자처가 없을까?"

"우선 내 이야기를 잘 들어줘. 그리고 오해 없이 들어줬으면 좋겠어."

"우리가 네 성격 모르니? 진중하고 사려 깊은 거. 우리가 애 늙은이라고 놀렸잖아."

"서울은 아파트값이 많이 올라서 지금 너희 자금으로 서울 아파트를 사는 건 힘들 거야. 하지만 아파트 말고 오피스텔도 괜찮다면 설명할게."

"아파트여야 하는 거 아니야? 지금 다 아파트만 오르잖아."

"투자 상품 중에 아파트가 좋긴 하지. 누가 서울 아파트 좋은 거 모르겠니. 하지만 투자할 수 있는 금액이 적고 매달 나오는 월급이 있는 것도 아니니, 입지 좋은 오피스텔을 사서 월세를 받는 게 노후 생활에 더 도움이 될 거라고 생각해."

"다들 아파트를 사는데 오피스텔은 위험한 거 아니야?"

"아파트를 사면 좋지. 하지만 각자의 상황이 있는 거잖아. 우리 나이에는 오래오래 월세를 받는 게 좋다고 봐."

"넌 오피스텔 있어?"

"응, 있어. 매달 월세도 잘 나오고, 임대 등록을 해놔서 지금 살고 있는 집을 팔 때 주택 수에 들어가지도 않아."

"강남 집은 팔 거야?"

"아들네랑 합가할 생각이어서 넓은 평수에 손주들 살기 좋은 신축으로 이사 갈까해"

"뭐 하러 힘들게 아들 내외에 손주랑 살아?"

"그러게. 애 봐준 공은 없다고 하는데, 내 자식 힘든 건 못 보겠네. 그리고 남은 인생 손주들도 돌볼 겸 넓은 곳에서 살아볼 겸 해서 이사하는 거지."

"그렇구나. 그나저나 영숙이 너는 집이 여러 개일 텐데, 강남 집 팔면 세금 많이 나오는 거 아니야?"

"다른 집은 임대 등록 해놨어. 세법에서 거주주택 비과세를 받기 위한 장기임대주택으로써의 요건을 충족하면 강남 집을 팔 때 9억 초과분에 대해서만 세금을 내면 돼. 또 10년 이상 살아서 장기보유특별공제율이 커 양도세도 많이 안 내."

"장기임대주택이 뭔데?"

"지자체에 4년 단기, 8년 장기로 임대 등록한 주택을 장기임대주택이라고 해. 쉽게 말해서 임대주택을 5년 이상 임대하고, 보증금 또는 임대료 연 5% 증액 제한을 지키면서 기준 시가 6억 이하, 비수도권일 경우는 3억 이하인 주택을 말하는 거야."

"장기보유특별공제는 또 뭐야?"

"장기보유특별공제는 오래 보유하고 거주할수록 양도차익에서 공제를 해주는 거야."

"아~ 복잡해. 그런 건 사고 나서 생각해. 머리 아파."

"당장 무엇을 살 생각만 하지 말고, 잘 알아보고 투자해. 그래도 늦지 않아."

"넌 이미 투자했으니까 그렇지. 우린 그동안 뭐하고 살았는지 몰라."

순자는 주스를 벌컥벌컥 마신다. 친구들과 점심을 먹고 오후 약속이 있어 길을 나서는데, 순자가 따라온다.

"영숙아. 오피스텔 사고 싶은데 어떻게 하면 돼?"

"어, 마침 오피스텔 상담 받으러 가는 길인데 같이 갈래?"

중개소에 도착해 공실 수 파악, 주변 오피스텔 월세 금액, 다음 달 분양하는 오피스텔 분양가, 개선되는 환경은 뭐가 있는지 등을 체크하고 사장님과 월세 세팅을 얼마에 하면 좋을지 의견을 나누었다.

이후 사장님에게 생각해 보겠다고 말한 뒤, 중개소를 나와 순자와 헤어졌다. 그렇게 하루를 마무리하고 집에 오는 길, 핸드폰에 문자 메시지 하나가 왔다.

> 영숙아. 나 오피스텔 계약했어.

급매로 샀어요

어머니 덕분에 좋은 아파트에서 산다.
어머니 덕분에 서울 아파트를 살 수 있었다.
어머니 덕분에.

사무실 분위기가 뒤숭숭하다. 인사 제도 개편안이 발표되면
서 최소 승진 연한을 없애고 동료 평가가 추가되었기 때문이다.
이제부터 성과를 인정받으면 언제든지 승진을 할 수 있다. 친

구들은 이런 나를 보며 대기업에 다녀서 많은 월급을 받는다고 부러워하지만, 월급만큼의 일을 해야 하고 그만한 책임도 따르기에 사실 많이 힘들다. 게다가 이번 인사 제도 개편안 때문에 심적으로 부담감이 상당하다.

대기업에 다니는 아내 역시 업무 강도가 높아 힘들어 한다. 그런 아내를 볼 때마다 그만두라고 하고 싶지만, 힘들어 하면서도 자신의 일을 좋아하고 대기업 커리어를 놓기 싫어하는 것 같아서 그저 응원만 보낼 뿐이다.

야근을 하는 날이면 어머니에게 죄송하다. 두 아이를 하루 종일 보시느라고 힘드셨을 텐데도 퇴근하고 집에 가면 항상 고생했다며 따뜻한 차를 내주신다. 카모마일 차를 마시며 거실에서 야경을 내려다 본다. 하루 중 이 시간이 제일 좋다. 한강에 비친 불빛, 대교들의 불빛은 매일 봐도 참 아름답다. 어머니 덕분에 좋은 아파트에서 산다. 어머니 덕분에 아파트를 살 수 있었다. 어머니 덕분에.

2015년 3월의 어느 날.

결혼을 앞두고 어머니는 신혼집을 사라고 하셨다. 사회 초년생이라 모아둔 돈이 얼마 되지 않았기에 집값이 부담스러웠지만, 어머니가 하라는 대로 하고 싶었다.

"정훈아, 신혼 집 어디에다 구할지 생각해 봤니?"

"아직이요. 바빠서 아무것도 못 알아보고 있어요."

"출퇴근하기 편한 곳을 알려주면 엄마가 알아봐줄게."

"여자친구는 여의도, 전 광화문이니 중간 지점인 마포구가 좋을 거 같아요."

이후 어머니는 비가 오는 날에는 우산을 들고, 날씨가 좋은 날에는 모자를 쓰시고 매일같이 마포구에 가셨다. 그리고 퇴근을 하고 돌아오면 둘러봤던 동네들에 대해 알려주셨다.

"역 근처는 너희들 자금으로는 부족할 거 같은데, 마을버스를 타고 역으로 나오는 곳은 어떻겠니?"

"새 아파트예요?"

"20년 된 아파트이긴 한데 단지 관리가 잘 되어 있고 집도 깨끗하더구나."

"도심지에 있는 새 아파트 전세로 가거나 조금 외곽으로 가면 새 아파트를 살 수 있을 거 같긴 한대…"

"아이가 없을 때는 조금 낡아도 도심지에 있는 입지 좋은 곳으로 가야 한단다. 아이가 태어나면 그때 좀 더 나은 환경으로 평수를 넓혀서 가면 돼."

"주변 친구들은 결혼할 때 전세로 많이 시작하더라고요. 그동안 집값이 떨어져서 집 사는 게 두렵다고들 하는데, 저만 이렇게 집을 사도 되는 걸까요?"

"실거주 집은 반드시 있어야 한다고 봐. 집값을 떠나 주거 안정성이라는 게 무엇보다도 중요하거든."

"어머니는 집값이 떨어지지 않는다고 보시는 거예요?"

"집값이 계속 떨어지기만 하거나 오르기만 할 수는 없단다. 내리다 오르고, 오르다 내리고 가격 부침이 있으면서 긴 시간 동안 집값이 우상향하는 거지. 집값이 우상향하는 건 집값뿐만 아니라 모든 자산이 인플레이션으로 인해 오를 수밖에 없다고 생각해. 또 처음부터 너희 둘의 월급만으로는 집을 살 수 없으니 대출을 받아서 집을 장만하면 된단다. 지금 집값이 싸든 비싸든 너희들의 경제 상황과 생애 주기에 맞게 집을 구하면 좋겠어. 분명 많은 도움이 될거야."

그렇게 어머니가 알아봐 주신 곳이 나의 신혼집이 되었다. 그리고 내 집에서 시작하는 신혼 생활은 심리적인 안정감을 주었다. 주위에서는 서울 아파트값이 비싼데 어떻게 샀냐고, 집값이 많이 올랐는데 어떻게 집 살 결심을 했냐고 물어본다. 난 그저 어머니의 말씀을 따랐을 뿐인데….

2017년 7월의 어느 날.

회사에 있는데 어머니에게 전화가 왔다.

"정훈아. 빨리 나라은행 계좌로 1,000만 원 보내."

"네? 네. 바로 보낼게요."

드디어 어머니가 급매를 잡으셨나 보다. 어머니는 아이가 태어났으니 평수가 넓은 집으로 이사를 가는 게 좋겠다며, 시간이 되실 때마다 과일, 부침개 등을 들고 중개소에 가서 집을 알아봐 주셨다. 당연히 너무나도 감사한 일이지만, 더운 날씨 탓에 어머니가 걱정이 되어 힘들게 다니시지 말라고 말해도 소장님과 대화를 나누는 게 재미있다며, 걱정 말라고 하셨다.

그렇게 소장님과 좋은 관계를 유지했던 어머니는 결국 급매로 보답을 받으셨다. 주말에 계약서를 작성하러 중개소에 갔을 때 소장님은 연신 좋은 어머니를 두었다며, 어머니에게 잘해야 한다고 하셨다.

난 어머니가 존경스럽다. 어릴 때 부모님은 세상의 다양한 것들을 구경하고 경험해야 한다며, 산과 바다 등 전국을 데리고 다니셨다. 또 아버지가 궁(宮)을 좋아하셔서 계절이 바뀔 때마다 경복궁, 덕수궁, 창경궁 등 궁 투어를 다니기도 했다. 그래서일까, 회사 창문으로 보이는 경복궁을 볼 때면 아버지와의

추억들이 생각난다. 곁에 없는 아버지가 보고 싶다. 어머니는 공부를 강요하지 않으셨다. 공부해야 하는 이유를 알려주시고, 공부하는 환경을 만들어주셨다. 친구들은 밤늦게까지 학원을 다녔는데, 난 학습 결손이 있을 때만 학원을 가고 저녁 시간은 항상 가족과 보냈다. 함께 책을 읽고 보드게임을 하는 등 하고 싶은 걸 마음껏 다 할 수 있는 시간들이었다. 이러한 부모님의 배려와 노력 때문이었을까, 강남에서 초중고를 나왔다고 하면 대부분 힘들었겠다고 하지만, 오히려 공부 잘하는 친구들과 선의의 경쟁을 하고 학습에 어려움이 있을 때면 도움을 받을 수 있는 곳이 많아서 좋았다. 또 저녁의 학원가는 학원 차량과 학부모 차량으로 늘 복잡했는데, 집 가까이에서 나에게 맞는 학원을 이용할 수 있음에 감사했다.

어머니가 급매로 잡아준 두 번째 집은 주거 안정성은 물론, 경제적 이익을 안겨주었다. 이른 새벽부터 늦은 저녁까지 많은 업무량으로 인해 일 외에는 신경 쓸 겨를이 없는데, 어머니 덕분에 이사 기회를 놓치지 않게 되었다. 부모님이 어떻게 절약하고 부를 이루었는지 알기에 그것대로 따라만 하면 나도 부모님처럼 살 수 있을 것만 같다. 내 아이들도 내 모습을 본받고 싶어 하기를 바래본다.

예전이나 지금이나 집을 샀다고 하면 똑같은 질문이 돌아온다. 비싼 서울 아파트를 어떻게 샀냐고, 집값이 오르는데 어떻게 집 살 결심을 했냐고…. 그리고 이러한 질문을 받을 때마다 나는 여전히 어머니 말씀을 따랐을 뿐이라고 말한다.

헌 집 줄게, 새 집 다오

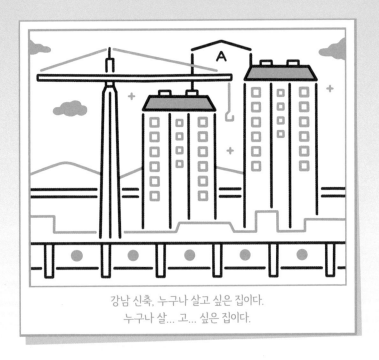

강남 신축, 누구나 살고 싶은 집이다.
누구나 살... 고... 싶은 집이다.

둘째 아이가 생겼다. 아내가 많이 힘들어해서 미안했다. 맞벌이 부부로 아이를 키운다는 게 이렇게나 힘든 건 줄 몰랐다. 도와주는 이모님은 갑자기 사정이 생겨 못 온다고 통보하는 일이 다반사였고, 아이 역시 자주 아프다 보니 아내와 나는 녹초가 되기 일쑤였다. 그나마 다행스러운 것은 주말마다 어머니가 오셔서 첫째 아이를 봐주신다는 것이었고, 어머니 덕분에 나와 아내는 휴식을 취할 수가 있었다. 이번 주 역시 어머니가 오셔서 첫째 아이를 봐주시고, 아내는 밀린 잠을 잔다.

"정훈아. 재범 엄마가 불편할 수 있지만 아이들 크는 동안만 같이 사는 건 어떻겠니?"

"어머니가 두 아이 보시려면 힘들어요."

"첫째는 이제 어린이집에 갈 수 있는 나이가 됐으니 괜찮을 거야. 너희들 힘든 거 알면서도 스스로 헤쳐 나가려고 하는 것 같아서 말을 못 꺼냈는데, 둘째까지 태어나면 너도 재범 엄마도 힘들어서 안 돼. 애미가 도울 수 있는 건 돕고 싶어."

"재범 엄마한테 말해볼게요. 죄송하고 고마워요."

"합가하게 되면 아이들 키우기 좋게 넓고 깨끗한 아파트로 갈까 해."

"강남 집 파시게요? 오래 사셨는데 아쉽지 않으세요?"

"이제 강남 집도 보내줄 때가 됐지. 너희들 잘 키울 수 있어서 참 고마운 집이었는데, 아쉽지만 이 기회에 더 넓고 깨끗한 신축으로 가보려고. 그래서 말인데, 합가하면 넌 이 집 팔고 그

돈으로 다음에 살 아파트를 사두는 게 어떻겠니? 여기 2년 동안 집값 오른 거랑 합가하는 동안 주택 비용, 생활비 등을 줄일 수 있으니 너희 부부 월급이면 강남으로 갈 수 있을 거야."

"제가 강남 집을 살 수 있을까요?"

"주택을 가지고 있으면서 조합원 입주권이나 분양권을 사두면 다음에 새 집으로 이사도 갈 수 있고 종부세 중과 부담에서 벗어날 수도 있지만, 지금은 합가가 우선인 거 같아서 강남 집을 사두는 쪽이 나을 거 같구나."

"강남에서 살 수 있는 건 아주 먼 일이라고 생각했어요. 아이들이 저처럼 강남에서 학교를 다니면 좋겠다고 막연히 생각만 했거든요."

"한 번에 강남으로 가는 것은 어렵지만, 차근차근 단계를 밟아서 가면 충분히 가능하단다. 전에 재범이 증권 계좌 만들라고 한 건 만들었니?"

"아니요. 증권사 갈 시간이 없어서 못하고 있어요."

"많이 바쁜 거 알지. 그래서 더 안타까워. 너희들 공부시킨 건 하고자 하는 일 하면서 즐겁고 여유롭게 살기를 원해서였는데, 현실은 그렇지가 못하구나."

"월급쟁이들이 다 그렇죠. 월급이 많으면 많은 대로 적으면

적은 대로 어려움이 있는 거 같아요. 아! 그런데 어머니와 합가하고, 이 집을 팔아도 양도세 비과세 받을 수 있는 거죠?"

"합가해서 집이 두 채가 되어도 합가일로부터 10년 이내에 먼저 양도하는 주택에 대해서는 비과세를 받을 수 있단다."

"그렇군요. 재범 엄마에게 의견 물어보고 말씀드릴게요."

그리고 그날 저녁, 아내에게 어머니가 제안했던 것들에 대해 설명을 하였고, 아내는 흔쾌히 합가하겠다고 하였다. 또 어머니가 힘드실 텐데 먼저 말씀해주셔서 너무 감사하다며, 어머니에게 잘하자고 하였다. 이후 시간이 흘러 아내는 만삭이 되었고, 어머니는 넓은 평수의 신축 아파트로 이사를 하셨다.

"어머니. 이번에 저희 집 사는 거, 저도 함께하고 싶어요."

"그래. 이제 집 구하는 것도 직접 해봐야지. 주말에 같이 보러 가보자."

강남은 나에게 익숙한 동네다. 지도를 보지 않아도 어디가 어디인지 알 수 있다. 재건축이 되어 새 아파트들로 동네가 바뀌었지만, 친구들과 잘 갔던 언덕 위에 있는 도서관은 어릴 적 모습 그대로다.

"어머니, 이렇게 꼭 걸어 다녀야 해요? 강남은 아는 지역인데 제 차로 움직이셔도 되잖아요."

"차로 쓱 지나가는 거와 내 발로 밟아가며 주위를 보는 건 달라. 아무리 강남을 잘 안다고 해도 모든 걸 알 수 있는 것은 아니잖니. 그리고 이 애미는 옛날 사람이라 걸어 다니는 게 좋단다. 걷다가 힘들면 중개소에 들러 소장님과 이야기를 나누면 되고, 사람들 구경도 하고 좋잖니. 오늘은 너와 도란도란 이야기도 할 수 있고 데이트하는 거 같아서 좋은데?"

"저도 좋아요. 옛날 어릴 때 생각도 나고. 그런데 어머니, 어머니는 어떻게 부동산에 관심을 갖게 되셨어요?"

"네 아버지 보따리 강사 시절에 유학파, 명문대 출신들한테 교수직을 매번 밀릴 때가 있었어. 그때 아버지에게 내색은 안했지만 이러다가는 계속 어렵게 살겠구나 싶었지. 당시 아버지나 나나 문학만 좋아했지, 돈을 버는 재주가 없었거든. 그래서 집주인 할머니한테 어떻게 하면 집을 살 수 있는지 물어봤어. 그런데 나같이 돈 없는 사람은 절대로 못 산다고 말도 못 붙이게 하셨지. 그 말을 듣고 오기가 생겼었는지 그날부터 집 앞 마당을 매일 쓸고, 눈 오면 눈 치우고, 이불 빨래부터 김장까지 전부 도와드렸더니 어느새 할머니가 어떻게 부동산을 살 수 있는지 알려주시더라. 그래서 그 이후로 계속 투자할 수 있게 됐지. 아버지도 경제적인 거 걱정 안 하고 편하게 학문에 매진할 수 있었고."

"아버지가 어머니 잘 만나셨네요."

"하하, 내가 아버지를 잘 만났지. 네가 가족들에게 하는 모습을 보면 어쩜 아버지 모습을 똑 닮았는지, 아버지가 너에게 좋은 선물을 주시고 가셨구나."

이후 어머니는 걷다가 힘이 들면 중개소에 들어가서 소장님들과 얘기를 나누셨다. 그렇게 몇 번을 반복하며, 몇 시간을 둘러보니 '그동안 어머니가 집을 구하려고 이렇게 걷고 또 걸으셨구나' 하는 생각이 들어 마음 한 켠이 아려왔다. 또 강남을 잘 안다고 생각했는데, 몇 주를 돌아보면서 이런 곳도 있었나 하는 곳이 많았다. 어머니 말씀대로 직접 걷는 것과 차를 타며 보는 것에는 큰 차이가 있던 것이다. 그렇게 하루 일정을 마치고, 집으로 돌아가는 길에 어머니는 내게 어디를 사면 될 것 같으냐고 물으셨다.

"신축은 엄두가 안 날 정도로 비싸고, 준신축은 영끌하면 될 거 같기도 한데 그렇게까지 해야 하나 싶고, 구축은 언제 재건축할지 모르는데 사도 되는 건지 결정을 못하겠어요."

"정훈아, 너의 생애 주기에 맞는 다음 아파트가 무엇인지를 생각해 봤으면 좋겠어. 아이들 학령기가 되면 지내야 하는 곳이 어딘지, 그동안 2채의 아파트에서 생긴 종잣돈을 어디에 써

야 하는 건지, 또 많은 중개소 사장님들이 저평가가 되었다고
한 곳은 어디였는지 등 다각도로 생각해서 결정을 내리는 거
지. 그럼 생각해 보고 알려주려무나."

"네, 아내와 상의하고 말씀드릴게요."

아이가 잠들고 아내에게 어머니와 나누었던 이야기를 전했
다. 아내는 아이 공부는 어디에서 하든 본인하기 나름이라며,
꼭 강남이 아니어도 된다고 했다. 맞는 말이다. 강남이라고 해
서 무조건 공부를 잘하는 것은 아니기 때문이다. 이어서 종잣
돈에 대한 고민이 이어졌다. 그러나 아내와 나 둘 다 바빠 부동
산, 주식 투자를 할 시간이 없어 종잣돈을 어디에 써야 할지 전
혀 감이 잡히지 않았다. 머리를 식히기 위해 중개소 사장님들
이 저평가가 되었다고 말한 곳이 어딘지를 찾아봤다. 그리고 알
수 있었다. 어머니는 어디를 사야하는 지 알고 계셨다는 것을,
내가 찾을 수 있게 기회를 주셨다는 것을. 곧바로 어머니에게
전화를 드린다.

"어머니. 저 결정했어요."

강남 신축, 누구나 살고 싶은 집이다.

조합원 입주권, 분양권

어머니, 조합원 입주권을 양도하는 경우 비과세가 돼요?

조합원 입주권은 주택이 아니어서 비과세 적용이 되지 않지만, 예외로 비과세 적용이 되는 2가지 경우가 있어.

2가지 경우가 어떤 거예요?

조합원 입주권 양도 당시 다른 주택, 다른 조합원 입주권, 2022년 1월 1일 이후 취득한 분양권이 없거나 1주택을 취득하고 취득한 날로부터 3년 이내에 조합원 입주권을 양도하면 비과세를 받을 수 있어. 주의할 것은 재개발·재건축 사업은 관리처분계획인가일, 소규모 재건축 사업 등은 사업시행계획인가일 당시 비과세 요건인 2년 보유 및 조정지역 2년 거주를 한 주택이 조합원 입주권으로 전환된 경우에만 적용된다는 거야.

조합원 입주권이면 다 되는 게 아닌 거예요?

모든 조합원 입주권에 비과세가 적용되는 게 아니야. 관리처분계획인가일까지 2년 보유 및 조정지역 2년 거주를 못 채우고 입주권으로 전환되면 비과세를 받을 수가 없어.

조합원 입주권을 두 개 가지고 있으면요?

 조합원 입주권을 2개 보유하다가 양도하는 1개의 조합원 입주권에 대해서는 비과세가 적용되지 않아.

 1주택자가 조합원 입주권을 취득한 후, 주택을 양도할 때는 비과세가 적용돼요?

 1주택자가 1년이 지난 후 조합원 입주권을 취득하고, 그 입주권을 취득한 날로부터 3년 이내에 1주택을 양도하면 비과세가 적용된단다.

 1주택자가 1년이 지난 후 신규주택을 취득했는데, 그 신규주택이 조합원 입주권으로 전환되면 일시적 2주택 비과세 특례 규정이 적용되나요? 아니면 1주택, 1조합원 입주권 비과세 특례 규정이 적용되나요?

 당초 주택으로 취득한 것이어서 일시적 2주택 비과세 특례 규정이 적용되는 거야.

 만약 3년 이내 양도하지 못하면 비과세 못 받는 거예요?

 1주택자가 조합원 입주권을 취득하고 3년이 경과하여 종전주택을 양도할 경우, 신규주택 완공 전 또는 완공 후 2년 이내에 종전주택을 양도하거나 완공 후 2년 이내 신규주택으로 전 세대원이 이사하여 1년 이상 계속 거주하면 비과세를 받을 수 있어.

3년 이내 양도와 3년 경과 후 양도에 차이가 있나요?

응. 3년 이내 양도는 주택을 취득하고 1년이 지난 후 조합원 입주권을 취득해야 하는데, 3년 경과 후 양도는 1년이 지난 후 조합원 입주권을 취득해야 하는 요건이 없었어. 하지만 법 개정으로 3년 경과 후 양도도 2022년 2월 15일 이후 취득하는 조합원 입주권부터 종전주택을 취득하고, 1년이 지난 후 조합원 입주권을 취득해야 비과세가 될 수 있어.

조합원 입주권 자체가 비과세되는 것과 종전주택 및 조합원 입주권을 가지고 있을 때 종전주택이 비과세되는 거 말고 또 비과세되는 게 있어요?

대체주택 비과세 특례라고 조합원 입주권이 주택이 되는 동안 거주할 대체주택에 1년 이상 거주하고 양도할 때 대체주택에 비과세를 적용하는 게 있어.

대체주택 비과세 특례 요건은 뭐예요?

1세대 1주택자가 그 주택에 대한 재개발, 재건축 등 사업기간 동안 대체주택을 취득하여 대체주택에 1년 이상 거주하고, 기존주택의 완공 전 또는 완공 후 2년 이내 대체주택을 양도해야 하며, 완공 후 2년 이내 완공주택으로 전 세대원이 이사하여 1년 이상 계속 거주해야 하는 요건이 있어.

분양권도 비과세 특례가 있어요?

2021년 1월 1일 이후 취득한 분양권도 조합원 입주권처럼 주택은 아니지만 주택 수에 포함돼서 비과세 특례가 규정되었어.

조합원 입주권 특례와 비슷한가요?

비슷해. 1주택자가 1년이 지난 후 2021년 1월 1일 후 분양권을 취득하고, 그 분양권을 취득한 날로부터 3년 이내에 1주택을 양도하면 비과세 특례 규정을 받을 수 있어.

1주택자가 2021년 1월 1일 후 분양권을 취득하고 그 분양권을 취득한 날로부터 3년이 경과하여 주택을 양도하거나, 분양권 완공 전 또는 완공 후 2년 이내 1주택을 양도하고 완공 후 2년 이내 완공 주택으로 전 세대원이 이사하여 1년 이상 계속 거주하면 비과세되는 거 맞죠?

맞아. 법 개정으로 3년 경과 후 양도 시 2022년 2월 15일 이후 취득하는 분양권부터 주택을 취득하고, 1년이 지난 후 분양권을 취득해야 비과세가 되는 거지.

그럼 분양권도 대체주택 비과세 특례 요건이 있어요?

아니. 분양권은 대체주택 비과세 특례가 없어.

4편_

우리가 열심히
사는 이유 2

샘이 많은 60대 할머니

산전수전 다 겪으면서 자식들을 키웠지만, 자식들은 집 없는 걸 부모 탓으로 돌리며 원망한다. 주택을 팔면서 세법 바뀐 것을 몰라 세금을 더 낼 뻔한 상황을 겪게 된다.

순자

자동차 판매 영업을 하는
순자 아들

엄마가 자식들 키우면서 고생한 걸 알지만, 정서적으로 보듬어주지 못한 것에 대한 불만이 많다. 3년 동안 청약을 하고 있지만 아직까지 무주택자이다.

성진

다주택이 되는 순간, '나 떨고 있니'

악착같이 사는 게 다 자식들 잘 되라고.
내가 누굴 위해서 이렇게 사는 건데.
내 마음도 몰라주는 자식들이 야속하다.

세무서에서 나와 영숙이네 집으로 갔다.

"영숙아, 나 어떡해? 세금으로 6천만 원 내야 되는 거 맞아?
넌 세금 얼마 안 냈다며?"

"순자야, 우선 세무사님이 서류 보내주면 검토해 주신다고 하니까 일단 서류부터 보내 보자."

영숙이가 준 차를 마셔도 쉬이 진정이 되지 않는다.

"순자야, 오피스텔 서류는 없어?"

"오피스텔 서류는 왜?"

"오피스텔 양도세 신고 안 했지?"

"오피스텔 판 것도 신고해야 돼? 오피스텔은 임대 등록하면 세금 안 낸다며? 세무서 직원도 오피스텔 판 거 신고해야 된다고 하던 데 잘못 말한 건 줄 알았어."

"임대 등록하면 거주주택이 비과세되는 거지, 임대 등록한 오피스텔에 대해 세금을 안 낸다는 게 아냐."

"세금을 더 내야 된다는 거야?"

"세무사님이 계산해 주겠지만, 두 채에서 양도차익이 있으니 6천만 원보다는 많을 거야."

갑자기 눈물이 왈칵 쏟아진다. 대출금 갚고 고향에서 살 집 사고, 아들네 집 얻는네 도와주려고 한 건데. 애들 키우면서 한평생 열심히 일해서 집 한 채 있고, 투자한답시고 오피스텔 작은 거 하나 샀다가 이게 무슨 일인지…. 생각할수록 억장이 무너진다.

"영숙아 말해봐. 내가 뭘 그렇게 잘못했니? 너도 집 샀잖아. 넌 나보다 많이 샀잖아. 그런데 왜 나한테 이러는 거야? 영숙아 무슨 방법이 없을까? 넌 세무사 많이 알잖아. 무슨 방법이 있는지 물어봐줘."

모든 게 원망스럽다. 그때 오피스텔을 사지 말걸….

2017년 12월의 어느 날.

오랜만에 여고 동창 모임을 했다. 오늘은 여느 때와는 다르게 다들 부동산 이야기가 한창이다. 최근 동창생들이 살고 있는 집들의 가격이 올랐기 때문이다. 자기 집값은 얼마가 올랐네, 누구 집이 더 올랐네 하며 우리가 언제 몇 억 소리를 이렇게 쉽게 했는지 웃기면서도 기분이 좋았다. 영숙이와 제일 친한 정희가 물어본다.

"영숙아. 너네 집값도 많이 올랐지?"

"그렇지. 요즘 안 오른 집이 어딨겠어."

어렸을 때부터 공부도 잘하고 조신한 척하는 영숙이가 싫었다. 또 남편의 교수직 뒷바라지를 하며 어렵게 살면서도 행복해 하는 영숙이가, 자식들 모두 서울대를 졸업하고 대기업에 다니면서도 자식 자랑 한 번 하지 않고, 부동산으로 많은 돈을 벌었는데도 내색 한 번 한 적이 없는 영숙이가, 나는 싫었다.

"강남으로 가면 뭐 특별한 게 있나. 치열한 경쟁 탓에 애들 공부시키느라고 힘만 들지."

영숙이에 대한 반감에 나도 모르게 속마음이 툭 하고 나와 버렸다. 순식간에 모임 분위기는 얼어붙었고, 친구들 모두 영숙이의 눈치를 살핀다.

한편 그런 영숙이가 얄밉지만, 그래도 부동산에 대해 제일 잘 알기에 정희에게 따로 만날 수 있게 해보라고 했다. 이후 모임이 끝이 나고, 셋이 모인 자리에서 곧바로 영숙이에게 투자처를 물었다. 그런데 영숙이는 투자할 곳에 대해 시원하게 알려주지 않고, 뜸을 들이더니 다음 주에 다시 만나자고 한다.

일주일 만에 다시 만난 영숙이는 우리에게 오피스텔에 투자하라고 했다. 아파트를 원했는데 오피스텔을 사도 되는 건지 긴가민가했지만, 영숙이는 월급이 없는 우리는 월세를 받는 수익형 부동산도 괜찮다고 했다. 영숙이의 말을 들으니 서울에 있는 집을 팔고 고향에 가서 오피스텔에서 나오는 월세를 받으며 사는 것도 괜찮겠다 싶었다.

정희와 헤어지고 영숙이를 따라서 부동산 사장님을 만났다. 영숙이와 사장님이 나누는 이야기가 무슨 소리인지는 모르겠지만, 공실 없고 월세와 오피스텔 분양가도 높으니 안전 마진이 있단다. 영숙이 표정을 봐서는 나쁘지 않아 보인다. 영숙이와 헤어지고 다시 중개소로 갔다.

"사모님 뭐 놓고 가셨어요?"

"아니요. 사장님. 오피스텔 사볼까 해서요."

"잘 생각하셨어요. 아까 말씀드린 대로 여기 투자하기 정말 좋은 곳이에요. 지금 매물 있는데 보실래요?"

"네, 한 번 보여주세요."

그렇게 부동산 사장님을 따라 매물들을 둘러보았다. 그런데 뭐가 좋은 건지, 뭘 사야 되는 건지 하나도 모르겠다. 영숙이 있을 때 같이 보자고 할 걸….

"사장님. 지금 둘러 본 거 중에서 어떤 게 좋아요?"

"다 좋죠. 사모님 자금 사정에 맞게 고르시면 돼요."

"돈이 좀 부족할 거 같아서요."

"대출 받으시면 되죠. 대출 상담사 연결해드릴게요."

"대출 받으면 대출이자 내야 하잖아요."

"월세에서 대출이자 내도 남는 장사예요."

"그래요? 그럼 방 크기도 크고 깨끗했던 마지막 집으로 할게요. 대신 집주인한테 조금만 싸게 해달라고 말 좀 해주세요."

"네. 집주인한테 연락해서 물어볼게요."

"아, 그리고 같이 왔던 친구는 임대 등록을 했다는데, 그거 하는 게 좋아요?"

"하시는 분도 있고 안 하시는 분들도 있어요. 보통 본인한테 이득이 있는지 따져서 하시더라구요. 아! 그런데 임대 등록을 하면 세금을 안 내는 게 있다고는 들었어요."

영숙이도 등록했으니까 나도 등록해야겠다. 가계약금을 보내고 영숙이에게 오피스텔 계약을 했다고 문자 메시지를 보냈다. 집에 오니 덜컥 겁이 났다.

'내가 무슨 일을 한 거지! 아냐, 영숙이도 오피스텔 있으니까 잘한 거야.'

이후 네이버 부동산을 통해 오피스텔이 얼마에 거래되는지 수시로 확인하지만, 2년 동안 가격 변동이 없다. 고향 집이나 미리 사둘 걸, 괜히 오피스텔을 샀나 싶다.

2019년 귀속 주택임대 소득세 신고안내 · 주택임대 소득자 2주택 이하자 (V유형)

코로나19 조기 극복! 적극적인 세정지원으로 뒷받침하겠습니다.
2019년 귀속 종합소득세 확정 신고기한은 2020.6.1.까지이고 납부기한은 코로나19로 경제적 어려움을 겪고 있는 납세자분들의 자금부담 완화를 위해 2020.8.31. 까지 연장하였음을 알려드립니다.

주택임대 수입금액이 2천만 원 이하인 경우에는 종합과세(세율 6~42%)와 분리과세(세율 14%) 중 선택하여 신고할 수 있습니다.

세무서 혼잡에 따른 코로나19 감염이 우려되므로 가급적 세무서 방문을 자제해 주시고, 홈택스를 통해 직접 신고 하시거나 세무사 · 공인회계사 등 세무대리인을 통해 신고해 주실 것을 부탁드립니다. 직접 신고하시는데 도움이 되도록 국세청 누리집에 전자신고 요령 동영상을 올려두었습니다.

국세청에서 우편물이 왔다. 두 번째다. 몇 달 전에 국세청에서 온 우편물을 보고 잘못 온 줄 알고 버렸는데, 우편물이 또다시 온 것이다. 국세청에서 올 우편물이 없기에 떨리는 마음으로 우편물을 뜯어보니 '2019년 귀속 주택임대 소득세 신고안내(V유형)'가 들어 있다. 안내문 내용을 살펴 보니 2020년 5월 31일까지 종합소득세를 신고하라고 적혀 있다. 그러나 신고 안내문을 봐도 무엇을 해야 하는 건지 좀처럼 이해가 되지 않았다. 그래서 다음날 세무서를 찾아갔다. 오전에 일 좀 보고 세무서에 갔더니 대기 순번이 50번이다.

강당 같은 곳에 많은 사람들이 앉아 있다. 한 아저씨는 왜 이렇게 오래 걸리느냐고 큰소리를 낸다. 직원은 2019년 귀속부터 주택임대소득 2천만 원 이하자도 신고를 해야 하기에 신고자가 많다며, 이해해달라고 아저씨를 진정시킨다. 이곳저곳에서 큰소리가 나는 이 도떼기시장 같은 곳에서 내 대기 번호가 오기를 하염없이 기다린다. 대기를 기다리는 사람도, 신고를 도와주는 직원도 지쳐 보인다. 모니터에 내 번호가 떴다. 대기번호 235번 2번 창구라는 표시를 보고 2번 창구로 갔다. 자리에 앉자마자 직원이 물어본다.

"주택임대소득 신고하러 오셨어요?"

"네. 신고하라고 해서 오기는 했는데 뭘 해야 되는 건지 모르겠어요."

"부부 합산해서 주택은 몇 채나 가지고 계세요?"

"살고 있는 집이랑 오피스텔 해서 두 채 가지고 있어요."

"월세 받고 계세요?"

"네. 오피스텔에서 월세 받아요."

"집이 두 채이고, 그 중 한 곳에서 월세를 받고 있으면 주택임대소득 신고를 하셔야 돼요. 임대차계약서를 포함해서 오피스텔 관련 서류는 가지고 오셨어요?"

"여기 오피스텔 관련 서류 다 가지고 왔어요."

"지자체에 임대 등록을 하셨네요. 임대 등록을 하면 세액감면을 받을 수 있는데 신청하실 건가요?"

"난 잘 몰라요. 알아서 신고해줘요."

"세액감면을 받으려면 세액감면신청서와 임대등록증, 표준임대차계약서 사본 등을 첨부해서 신청하셔야 돼요."

"월세도 얼마 안 받는 데 정말 까다롭네요. 그럼 그냥 신청 없이 신고해주세요."

"알겠습니다. 그럼 분리과세와 종합과세 중에 어떤 걸로 신고를 진행할까요?"

"저기요. 난 정말 아무것도 몰라요. 그냥 좀 알아서 해주면 안 될까요?"

"신고 방법을 선택해야 신고할 수 있어요. 분리과세는 다른 소득과 합산하지 않고 주택임대소득에 14% 세율이 적용되고, 종합과세는 다른 소득과 합산해서 세율이 적용돼요. 다른 소득 있으세요?"

"없어요. 국민연금이랑 월세가 다예요."

직원은 분리과세일 때와 종합과세일 때 세금이 얼마인지 알려준다.

"세금 적은 쪽으로 신고해줘요."

"앞에 있는 모니터 화면을 보시면서 제가 입력하는 것 중 틀린 부분이 있으면 말씀해주세요."

직원이 뭘 하고 있기는 한데, 뭘 하고 있는 건지 모르겠다. 화면에 네모 칸은 많고, 숫자를 계속해서 이곳저곳에 넣는다. 잠시 후, 신고가 다 됐는지 프린터에서 종이가 나온다.

"선생님 이건 신고했다는 접수증이고요. 한 장은 소득세 납부서, 한 장은 지방 소득세 납부서예요. 두 장 다 납부하시면 돼요. 그리고 주택임대업은 부가가치세 면세 사업자로 매년 2월 10일까지 사업장 현황 신고를 하셔야 돼요. 올해 사업장 현황 신고 안내문이 나갔는데 확인 못 하셨나 봐요."

1월에 버렸던 우편물이 사업장 현황 신고 안내문이었나 보다. 매년 신고를 해야 하다니….

오르지 않던 오피스텔 가격이 2021년에 들어서 오르기 시작했다. 올랐을 때 빨리 팔고 싶지만, 4년 동안은 못 판다고 했다. 10개월을 어떻게 기다릴까. 그저 투자하면 좋을 줄만 알았는데, 신경 쓸게 너무 많다. 골치 아픈 건 딱 질색인데, 영숙이는 이 골치 아픈 걸 어떻게 하는 건지 모르겠다.

오피스텔을 산 지 4년이 되어가자 중개소 사장님에게서 연락이 왔다.

"사모님, 이번에 세입자가 만기 돼서 나간다고 하는데, 다시 월세 놓을까요?"

"아뇨. 이제 정리하고 싶은데, 지금 팔아도 괜찮을까요?"

"네. 올해 오피스텔 가격이 많이 올라서 지금 파셔도 수익은 좋을 거예요."

"정말요? 몇 년 안 올라서 괜히 샀나 싶었는데."

"오피스텔은 아파트랑 달라서 시세차익만 생각하시면 안 돼요. 사모님은 운 좋게 시세차익까지 보셨지만요. 그때 하시길 정말 잘하셨어요. 그럼 매물로 올려둘까요?"

"네. 사장님이 잘 좀 팔아주세요. 사장님만 믿을게요."

"걱정 마세요. 제가 잘 팔아드릴게요."

앓던 이가 빠지는 거 같다. 다 팔고 빨리 고향으로 가야지.

청약 가끔 내다 버려

부의 사다리가 끊어지고 있다.
나는 아직 올라가지도 못 했는데….
나에게는 기회조차 없는 것인가.

분양 대행사 직원과 이야기 중인데 계속 전화가 온다. 휴대
폰을 보니 엄마다. 어렵게 만든 자리라 휴대폰을 끄고 직원의
설명에 주의를 둔다.

"고객님 요즘 지식산업센터가 핫한 거 아시죠? 박사장님이 VIP 고객이셔서 사장님 부탁을 뿌리치지 못했어요. 지산 인기가 워낙 많다 보니 분양 대행사 직원들끼리도 경쟁이라 물건 잡기가 너무 힘들거든요. 이것도 겨우 빼온 물건이에요. 물론 사전 입주 의향 신청서를 내도 분양받는다는 보장은 없지만, 신청서 우선순위가 있으니 좋은 결과가 있을 거예요. 물건은 드라이브 인 상가와 드라이브 인 창고가 있어요."

"상가랑 창고까지 해야 되나요?"

"드라이브 인은 VIP 고객들에게만 오픈하는 거예요. 그분들은 드라이브 인에 섹션 오피스, 창고, 상가까지 여러 개 하시거든요."

"그럼 두 개 같이 해서 얼마예요?"

"평당 1,100만 원이고, 대출은 80~90%까지 나올 거예요. 앞으로 분양 예정인 지산은 평당 1,300만 원 할 거라는 얘기가 나오고 있어요. 빨리 할수록 싸게 사시는 거니까 제가 전화하면 바로 신탁사 계좌로 입금해 주셔야 돼요. 전화 안 받으면 다음 분에게 넘어가니까 전화 꼭 받으셔야 하고요."

지산 물건 잡기가 어렵다는 얘기를 들으니 사고 싶기는 한데, 확신이 들지 않고 불안하다. 하지만 신청서를 낸다고 계약하는 건 아니기에 용기를 내어 사전 입주 의향 신청서를 직원에게 건넨다. 휴대폰을 켜자마자 전화가 온다.

"왜 이렇게 전화를 안 받아. 성진아, 엄마 어떡하니?"

"왜요? 무슨 일 있으세요?"

"집 팔았는데 세금을 6천만 원 넘게 내야 된대."

"집 파셨어요? 그러게 얘기를 하고 파셨어야죠. 엄마 마음대로 팔고 나서 어떡하느냐고 하면 제가 뭘 할 수 있겠어요."

"내가 이 집을 왜 팔았는데, 다 너 집 사는 데 보태주려고 한 거잖아. 지금 사는 이 집처럼 낡은 집은 싫다 하고, 오로지 새집만 고집하니까. 다른 자식은 오래된 아파트에서 잘만 살겠다고 하는데, 도대체 넌 왜 그래? 됐어. 끊어."

엄마는 매번 이런 식이다. 항상 날 위해서 했다고 하는데, 나는 전혀 고맙지가 않다. 엄마는 공부를 강요하셨다. 공부는 엉덩이 힘으로 하는 거라는데, 난 오래 앉아 있는 게 싫었다. 학창 시절, 학원비로 많은 돈을 쓰는데도 성적은 오르지 않았고, 그럴 때마다 엄마는 매번 영숙이 아줌마의 자식들은 공부를 잘한다며 나와 비교하셨다. 이러한 엄마의 친구 자식 자랑은 나의 자존감을 깎아 먹었고, 내가 지방으로 대학을 가고 나서야 끝이 났다.

대학교를 졸업하고, 취업을 앞둔 시점에도 내가 무슨 일을 하고 싶은 건지 정하지 못했다. 하지만 분명한 건 책상에 앉아서 서류를 드려다 보는 건 아니었다. 그렇게 이 회사 저 회사 옮겨 다니며 자리를 잡지 못하였고, 당연히 안정적인 회사 생활이 안 되었기에 집 같은 거에는 관심조차 두지 못했다. 그러다 늦은 나이에 영업직을 시작하면서 월급을 모으기 시작했고, 그때 청약 통장이라는 게 있다는 것을 처음 알았다. 만약 내가 만 17세가 됐을 때 엄마가 청약 통장을 만들어줬다면 저축 가입기간 점수가 높았을 텐데, 엄마는 청약 통장이라는 것을 알고는 있을까?

아파트 분양 당첨을 3년째 기다리고 있다. 가점제로 바뀌고 청약 인기가 높아지면서 내 점수로 당첨될 확률이 점점 희박해지고 있다. 주위에서는 청약에 당첨됐다고 하는데 왜 나만 안 되는 걸까. 정말 '청무피사(청약은 무슨 피 주고 사)' 말고는 방법이 없는 걸까?

곧 있으면 3기 신도시 사전 청약이 시작된다. 하루에도 수십 번씩 마음이 바뀌지만, '지금까지 기다린 거 조금만 더 기다려 보자'는 마음으로 버텨본다. 퇴근 후 아내에게 지식산업센터와 관련하여 상담받은 이야기를 했다.

"우리 지산 살 수 있는 거야?"

"아직 확정은 아니고 기다려 봐야지. 만약 내가 샤워하고 있는데 전화 오면 나한테 줘. 전화 꼭 받아야 한다네."

"지산 받으면 좋겠다. 우리도 뭐든 좀 사야 할 텐데… 이번에 친구가 입주 아파트 사전 점검 갔다 왔다고 아파트 사진을 채팅방에 올렸는데 배 아프더라. 무슨 아파트에 물놀이장이 있어. 우리 애도 물놀이 좋아하는데."

"조금만 기다려. 우리도 청약 당첨되면 새 아파트에서 살 수 있어."

"오피스텔 분양하는 건 없어? 지난번에 과천청사역 오피스텔이 분양가 15억 원인데도 경쟁률이 1,398 대 1이었대. 돈 있는 사람들이 많나 봐."

"오피스텔 분양권은 주택 수에 포함이 안 되고 전매 제한도 없으니까 그렇지. 우리도 청약했잖아."

"우린 선당후곰(먼저 당첨된 후 고민)이잖아. 무조건 넣고 보자. 청약홈에서 하는 건 그나마 신청이라도 되지, 딩사 홈페이지에서 하는 건 접속이 안 돼서 신청도 못 해보니."

"분양 물량은 많이 나온다니까 기회가 있을 거야."

"청약을 넣고 나면 발표가 날 때까지 당첨되는 기분 좋은 상상을 해. 물론 당첨이 안 되면 기운이 빠지긴 하지만, 그래도 기다리는 동안은 좋더라. 아파트 줍줍 나올 때가 좋았는데, 자기가 줍줍 한다고 추운 겨울에 밤새며 고생했는데 당첨이 안 돼서 너무 아쉬웠어.”

“추운 날씨에 완전 무장하고 밤새며 기다렸는데. 지금 다시 하라면 못 할 거 같아. 밤을 몇 번을 샌 건지.”

“청약에 당첨이 안 될 거 같으면 지금이라도 집 살까? 아니면 재개발될 지역에 있는 빌라라도 사둘까? 언젠가는 새 아파트 될 거 아냐.”

“빌라 보러 안 다닌 거 아니잖아. 부동산 사장님들마다 자기 지역이 공공재개발 추진하려고 동의서 징구 시작했다거나 노후도 충족되는 시점이라 지정 얼마 안 남았다고 하는데, 믿을 수가 있어야지.”

“그렇기는 하지. 그리고 비례율이 얼마다, 동의율이 몇 퍼센트 됐다 등 머리도 너무 아프더라.”

“재개발되기를 기다리느니 청약 당첨을 기다리는 게 나아. 그리고 이제 가점 버리기도 아까워.”

“집 있는 친구들은 공시지가 1억 되는 거 보러 전국을 누비던데, 알면서도 못 하고 있는 우리만 뒤처지는 거 같아.”

"우리도 사용 안 하는 청약 통장으로 오피스텔이랑 생활형 숙박 시설 알아보고 있잖아."

"그 친구들은 집이 있으면서 투자를 하는 거고, 우리는 청약 때문에 집을 살 수 없으니까 하는 거잖아. 친구들이랑 상황 자체가 다른거지. 벼락 거지 된 기분 정말 싫다."

"조금만 기다려보자."

"조금만, 조금만! 그 조금만이 벌써 3년이 지났다고. 내가 어머니 집에서 분가할 때 대출 받아서 집 사자고 했잖아. 그때 집 샀어봐. 지금 몇 억이 올랐다고. 자기는 대출받으면 큰일 난다고 하고, 어머니도 집안 말아먹을 일 있냐며 화내시는데, 거기서 내가 어떻게 밀어 붙여."

"그때는 나도 대출받으면 안 되는 줄 알았어. 엄마가 어렸을 때부터 하도 빚지고 사는 거 아니라고 하셔서 당연히 그런 줄만 알았지. 알았다면 내가 대출 안 받았겠어?"

"신혼집 구할 돈 없어서 어머니랑 사는 것도 힘들었는데, 분가하면 새 집에서 살 수 있게 해준다며. 근데 이게 뭐야?"

"내가 아무것도 안 하는 게 아니라 노력하고 있잖아. 노력하고 있는데 안 되는 걸 어떡해."

"그때 내 말 듣고 샀어야 했어. 자기가 알아서 해."

아내는 화를 내고 방으로 들어가 버렸다. 언제부터 우리 부부의 대화가 온통 부동산 얘기가 되었을까. 예전에 무슨 대화를 하고 살았는지 기억조차 나지 않는다. 회사를 가든, 고객을 만나든, 친구를 만나든, 온통 부동산 얘기뿐이다. 그래서 듣기 싫어도 들을 수밖에 없고, 그럴 때마다 '괜찮다, 나도 집 살 수 있어'라고 다짐해도 이내 좌절감에 빠진다.

나라고 집을 안 사고 싶어서 안 사겠는가. 그런데 이미 오를 때로 오른 집값에 이제 와서 어떻게 살 수 있단 말인가. 게다가 청약에 당첨만 된다면 시세보다 몇 억을 저렴하게 새 아파트를 살 수 있는데, 그길 어떻게 포기하란 말인가.

나도 아내와 아이를 새 아파트에서 살게 하고 싶다. 그래서 지금까지 이렇게 노력하는 것인데, 아내의 눈에는 이런 내 노력이 보이지 않는 걸까? 청약이 뭐고, 새 아파트가 뭐길래 우리 부부 사이를 이렇게 망쳐 놓는 것일까. 적막함이 감도는 거실, 아내의 흐느끼는 울음소리가 방문 사이로 흘러나온다.

주택 수에 포함되지 않아요

"고객님, 생활형 숙박 시설은 주택 수에 포함되지 않아요. 취득세, 양도세 중과도 피할 수 있고, 종부세 대상도 아니고요. 무엇보다 청약 통장 없이 19세 이상이면 누구나 청약이 가능하다는 장점이 있어요."

모델 하우스에 가면 상담사 분이 제일 먼저 하는 말이 '주택 수에 포함되지 않아요.'이다. 취득세, 양도세, 종부세가 뭔지는 몰라도 주택 수가 중요한가 보다.

"주로 어떤 시설들이 들어올까요?"

"이곳은 전문직 고소득자가 많은 지역 특성을 반영해 버틀러 서비스, 하우스 키핑 서비스 등 다양한 어메니티 서비스를 운영할 예정이에요. 또 코워킹 스튜디오, 콘텐츠 스튜디오, 스크린 룸 등 문화생활 시설을 갖추어 전문직 고소득 MZ세대의 수요를 모을 것으로 기대하고 있어요."

"임대는 잘 나갈까요?"

"호텔 서비스를 받을 수 있으니 인기가 많을 거예요. 전문 위탁 관리 업체가 임대 관리해서 관리하기도 수월하고요."

"박사장님 소개로 오긴 했는데, 사실 잘 모르겠네요."

"박사장님은 부동산에 대해서 잘 아시는 분이에요. 그런 분을 안 다는 건 정말 행운 같은 일이죠."

"그렇죠. 전단지 하나 가져가도 되죠? 아내와 상의해 보고 연락드릴게요."

박사장님이 꼬마 빌딩을 가지고 있는 건 알았는데, 나한테도 이런 인연이 생기다니.

6개월 전, 박사장님이 딸아이의 차가 필요하다고 대리점에 방문하셨다.

"강딜러 만큼 잘 해주는 곳이 없어서 또 찾게 됐네요."

"사장님 말씀이 과분합니다. 어떤 차를 원하세요?"

"딸아이가 탈건데 이쁜 차를 원하네요. 차는 튼튼하면 되는 것을."

"젊은 친구들은 디자인도 중요시합니다."

"하하, 그런가요?"

그때 전화벨이 울린다. 박사장님이 급한 전화라서 받아야 한다며, 통화를 한다.

"시행사 계좌 나왔어요? 1분 안으로 보냅니다."

그리고 전화를 끊자마자 계좌 이체를 한다.

"죄송해요. 요즘 지산 잡기가 어렵다 보니 실례를 했네요."

"아닙니다. 그런데 박사장님, 지산이 뭐예요?"

"자동차에 대해서는 모르는 게 없어 차박사인 줄 알았더만, 부동산에 대해서는 부린이구만."

"차박사라뇨. 부끄럽습니다."

"지산도 하나 잡았겠다, 기분도 좋으니 그동안 신뢰했던 우리 강딜러에게 영업 비밀 하나 알려주리다. 지산은 지식산업센

터를 말하는 건데, 업무 시설이 있는 복합적 건물이에요. 최근 들어 주택 규제가 강화되면서 틈새 상품으로 소리 소문 없이 분양 완판되고 있는 상품이죠. 깜깜이 분양으로 분양을 받기 위해서는 정해진 시간에 정해진 금액을 선착순으로 입금하거나 대행사 영업 사원을 알아야 해요. 저도 방금 영업 사원 소개로 물건을 잡은 거고.”

“오피스텔이랑 비슷한 거예요?”

“섹션 오피스로 보면 비슷하지만 자동차를 이용해 물류 이동을 쉽게 할 수 있는 드라이브 인이 있고, 물류 보관 장소인 창고가 있다는 게 다를 수 있지요. 시세차익과 임대수익이 가능하고 분양권 전매가 되다 보니 소액 투자로 인기가 높아요.”

“투자하는 사람이 많은가 봐요?”

“집값이 많이 올라 주택 투자가 어려우니 다른 투자처를 찾는 거지요. 요즘 젊은이들이 집값이 많이 올라 좌절하고 있다고 들었어요. 내 딸아이도 서울에 아파트를 살 수 있을지 걱정을 하더군요. 그래서 젊을 때부터 서울 아파트를 자가로 가지고 시작하는 사람이 얼마나 되겠냐고 했더니, 아빠 세대는 자기들을 이해 못 한다며 서운하다고 말하네요. 하하, 지 애비도 경매로 인천 빌라부터 시작했는데.”

“맞아요. 요즘 젊은 친구들은 저때와도 달라요. 부동산과 주식에 관심 많더라고요.”

“안 그래도 딸아이 차 사주는 것도 대학 주식 동아리에서 기업 탐방을 다니는데, 교통이 불편해서 시간을 효율적으로 활용하지 못하는 것 같아 시간을 선물해주려 하는 거예요.”

“대학생이 기업 탐방을 다녀요?”

“네. 주식 동아리에 들어가려고 몇 날 며칠을 밤새 면접 준비하는 걸 보고, 스스로 방법을 찾아가는 모습이 참 대견하더군요.”

"따님이 주식하는 거 불안하지 않으세요?"

"전혀요. 자기가 공부해서 좋은 기업에 투자하려는 건데, 오히려 난 딸 아이를 응원해요."

"사장님은 부동산 가격이 하락할까봐 두렵지 않으세요?"

"강딜러는 두려운가요?"

"네, 집값이 너무 많이 올라서 지금 사도 되는 건지 두렵습니다."

"강딜러를 보니 내 젊었을 때 모습이 생각나네요. 저도 젊었을 때 집을 사야하는 건지, 집을 사도 되는 건지 무섭고 두려웠어요. 또 당시에는 주위에서 부동산 투자를 한다고 하면 투기꾼으로 봤거든요. 하지만 내 집이 생기고 한 채 두 채 투자를 하면서 부동산을 보는 안목이 생기고 부동산 시장에서 살아남는 법을 터득하게 되니 지금은 흐름에 따라 투자할 곳이 생기면 투자를 해요."

"아직 제 집이 없어서 집을 사야 한다는 걸 알면서도 많이 오른 가격에 어찌해야 될지를 모르겠습니다."

"강딜러에게 그런 고민이 있었군요. 그래도 집을 사야 된다는 걸 알았으니 일단 반은 시작된 거예요."

"사야 된다는 걸 알면서도 방법을 모르겠어요."

"어렵게 생각하지 말아요. 내 집이면서도 추가로 이익을 얻고자 하는 마음이 선택을 어렵게 하는 것일 수도 있어요."

"여러 가지 마음으로 선택을 못하고 있기는 해요. 선택이 너무 어려워서 오죽하면 누가 '여기 사세요.'라고 말해줬음 좋겠어요. 하하"

"그 마음 잘 알죠. 나도 말은 쉽게 하지만 어려운 선택이라는 거 압니다. 하지만 처음이 힘들지 한 번 두 번 경험이 쌓이면 조금씩 수월해질 거예요. 쉽게 가려고 선택권을 다른 사람에게 주지 않았으면 좋겠어요."

"박사장님처럼 조언해 주시는 분이 계시면 좋을 것 같아요."

"내 얘기가 도움이 됐다니 다행이네요. 결국 하고 안 하고는 자기 의지에 달렸어요. 아무리 옆에서 해야 된다고 강요해도 본인이 움직이지 않으면 소용이 없는 거지요. 강딜러는 의지가 있는 사람이니 해낼 거예요."

"그리 말씀 해주시니 감사합니다. 제가 지식산업센터 투자해도 될까요?"

"여기 영업 사원 명함 2장을 주리다. 내 이름대고 상담은 받되, 그 자리에서 계약은 하지 말아요. 내가 이 명함은 주는 건 경험을 쌓는다 생각하고, 상담 받고 물건 보는 안목을 기르라고 주는 거예요. 누구의 말에 의한 투자가 아닌, 내 자신을 믿고 투자할 수 있도록 공부하고 실행해야 해요."

"감사합니다. 박사장님. 말씀 잘 새겨 듣도록 하겠습니다."

영업 사원 명함 2장을 지갑 안쪽에 잘 넣어 두었다.

장기임대주택

영숙아, 장기임대주택이 뭐야?

지자체에 단기민간임대와 장기일반민간임대(구 준공공임대)로 등록하는 게 있는데, 세법에서는 그 임대 등록한 주택 중에서 일정한 요건을 갖춘 주택을 장기임대주택과 장기일반민간임대주택이라고 해.

새법에서 지켜야 하는 요건이 있어?

지자체에 임대 등록했다고 세금 혜택을 다 받는 게 아니어서 세법에서 지켜야 하는 요건이 무엇인지 알아야 해.

요건을 못 지켜서 혜택을 못 받는 경우도 있는 거야?

물론이지. 그래서 본인에게 해당되는 혜택을 받기 위해서 요건을 충족했는지 잘 따져 봐야 해.

장기임대주택과 장기일반민간임대주택은 세금 혜택이 달라?

장기임대주택은 거주주택 비과세 특례, 양도세 중과 제외, 종부세 합산 배제가 있고, 장기일반민간임대주택은 장기보유특별공제 우대, 양도세 감면 혜택이 있어.

거주주택 비과세 특례가 뭐야?

 거주주택과 장기임대주택 보유자가 2년 이상 거주한 주택을 양도하는 경우, 장기임대주택은 주택 수에서 제외되어 생애 한차례만 거주주택 비과세를 받을 수 있어.

 거주주택 비과세 특례를 받기 위한 장기임대주택 요건이 있어?

 응. 2020년 7월 10일까지 지자체에 등록한 단기민간임대와 장기일반 민간임대주택을 세무서에 사업자 등록을 하고, 임대 개시일 당시 기준 시가 6억 이하, 수도권 밖 3억 이하이면서 5년 이상 임대, 보증금 또는 임대료 연 5% 증액 제한 요건이 있어.

 왜 단기임대는 2020년 7월 10일까지 등록한 것만 돼?

 민간임대주택에 관한 특별법이 개정되어 2020년 8월 18일부터 단기임대가 폐지되었지만, 부동산 정책이 2020년 7월 10일에 발표되면서 세법에서는 2020년 7월 10일까지만 등록한 것에 대해 세제 혜택을 주게 됐어.

 그럼 앞으로 거주주택 비과세를 받을 수 있는 장기임대주택은 없는 거야?

 그건 아니야. 지자체에 장기일반민간임대로 등록한 주택 중에서 2020년 7월 11일 이후 단기임대에서 장기일반임대로 변경한 경우와 아파트 장기일반임대를 제외하고는 기존대로 거주주택 비과세를 받을 수 있어. 즉, 빌라, 다세대 주택, 오피스텔 등은 지자체에 10년 장기일반임대 등록이 가능하고, 세법 요건 충족 시 거주주택 비과세 특례를 기존대로 받을 수 있는 거지.

5년 이상 임대를 해야 하는데, 4년 단기임대가 끝나버리면 혜택을 못 받는 거야?

자동말소되거나 임대의무기간 중 반 이상 임대하다가 임차인의 동의를 받고 자진말소하는 경우는 말소일로부터 5년 이내 거주주택 양도 시 비과세 적용을 받을 수 있어.

말소 후 장기임대주택 요건을 준수해야지만 비과세를 받을 수 있어?

그건 아니야. 보증금 또는 임대료 연 5% 증액 제한 준수, 사업자 등록 유지, 거주주택 양도일에 임대를 하고 있지 않아도 거주주택 비과세가 가능해.

임대 등록 말소 후 5년 이내에 팔아야 거주주택 비과세 특례가 되는 것을 알고 있어야 겠네?

그렇지. 법이 바뀌면서 불이익을 받지 않으려면 내게 적용되는 건 알고 있어야 해.

양도세 중과 제외가 되는 장기임대주택 요건이 뭐야?

거주주택 비과세 특례와 같이 세무서 사업자 등록, 기준 시가 6억 이하, 수도권 밖인 경우 3억 이하, 5% 증액 제한은 똑같아. 다른 점이 있다면 2018년 3월 31일까지 지자체에 등록한 단기민간임대와 장기일반민간임대는 5년 이상 임대, 2018년 4월 1일 이후는 장기일반민간임대 등록만 되며, 8년 이상 임대, 2020년 8월 18일 이후는 10년 이상 임대해야 하는 요건이 있어.

양도세 중과 제외는 장기임대주택 양도 시 중과하지 않는 거야?

 맞아. 양도세 중과는 기본세율에 조정지역 2주택자에게는 20%, 3주택자에게는 30%가 가산되는데, 양도세 중과 제외가 되는 장기임대주택을 양도할 때 조정지역에 있더라도 중과세율을 적용하지 않아.

 임대 등록한 주택은 언제든지 양도세 중과 제외가 되는 거야?

 그렇지 않아. 2018년 4월 1일 이후의 단기임대, 2018년 9월 14일 이후 1세대가 국내에 1주택 이상을 보유한 상태에서 새로 취득한 조정지역의 주택, 2020년 7월 11일 이후 아파트 장기일반임대주택과 단기임대에서 장기일반임대로 변경 신고한 주택은 양도세 중과 제외가 되지 않게 됐어.

 임대 등록이 말소돼도 양도세 중과 제외는 되는 거야?

 자동말소되면 양도시기와 무관하게 중과 제외되지만, 임대의무기간 중 반 이상 임대하다가 임차인의 동의하에 자진말소하면 말소일로부터 1년 이내에 양도해야만 양도세 중과 제외가 될 수 있어.

 종부세 합산 배제가 되는 장기임대주택 요건은 뭐야?

 양도세 중과 제외가 되는 장기임대주택 요건과 같아. 세무서 사업자 등록, 기준 시가 6억 이하, 수도권 밖인 경우 3억 이하, 5% 증액 제한 등 전부 똑같지. 또한 2018년 3월 31일까지 지자체에 등록한 단기민간임대와 장기일반민간임대는 5년 이상 임대, 2018년 4월 1일 이후는 장기일반민간임내 등록만 되며 8년 이상 임대, 2020년 0월 18일 이후는 10년 이상 임대 등 모든 요건 역시 동일해.

종부세 합산 배제가 되지 않는 장기임대주택도 있는 거야?

 2018년 4월 1일 이후의 단기임대, 2018년 9월 14일 이후 1세대가 국내에 1주택 이상을 보유한 상태에서 새로 취득한 조정지역의 주택, 2020년 7월 11일 이후 아파트 장기일반임대주택과 단기임대에서 장기 일반임대로 변경 신고한 주택은 종부세 합산 배제가 되지 않게 됐어.

 임대 등록이 말소 돼도 종부세 합산 배제가 되는 거야?

 임대 등록 말소 이후 과세 기준일인 6월 1일부터 종부세 과세가 돼.

 임대 등록하면 주택임대소득 신고할 때 혜택이 있다고 하던데?

 주택임대소득이 2천만 원 이하로 분리과세를 선택하는 경우, 60%의 필요경비와 주택임대소득을 제외한 종합소득금액이 2천만 원 이하이면 4백만 원의 소득공제를 받을 수 있어. 단, 세무서 사업자 등록, 5% 증액 제한, 임대 4년 이상, 2020년 8월 18일 이후는 10년 이상 임대해야 하는 요건이 있어.

 장기임대주택 요건은 알아야 할 게 많네?

 언제 등록했는지, 단기냐 장기냐, 말소 되었느냐 등에 따라 혜택 받는 것이 다르다 보니 알아야 할 게 많다고 느껴질 수 있어. 그리고 취득세 중과세율 적용 시 장기임대주택은 주택 수에 포함되고, 양도세 거주주택 비과세에서는 주택 수에 포함되지 않다 보니 주택 수 계산에서도 주의를 해야 돼.

장기임대주택이 취득세 중과 및 양도세 비과세 판단 시 주택 수에 포함되는지, 양도세 중과 제외가 되는지, 또 종부세 합산 배제가 되는지를 신경 써야 한다는 거지?

 맞아. 내야 하는 세금이 무엇인지 알고, 거기에 맞춰서 장기임대주택 요건을 찾아보면 될 거야.

5편_

시간은
내 편이다!

자수성가하여
상가 건물을 소유한 50대

20대부터 인천 빌라 경매로 부동산 투자를 시작하였으며, 현재 방통대 경제학과를 다니며 평생 공부할 각오로 경제, 부동산을 공부하는 자본가이다.

박사장

형의 상가 건물을 관리하고 있는
박사장 동생

형의 일을 적극적으로 도와주면서 형을 닮고자 한다. 2020년에 공시지가 1억 이하 아파트를 사게 되고, 그로 인해 세금을 많이 내게 될 뻔한 경험을 통해 세금의 무서움을 알게 된다.

박소장

준비된 자에게 기회가 온다

기회는 준비된 자에게 온다.
이번 기회가 지나갔다면, 다음 기회를 잡으면 된다.
준비만 되어 있다면 시간은 내 편이다.

방송통신대학교 성적표가 나오는 날이다. 떨리는 마음으로
성적을 확인해 보니 재테크와 금융투자 B, 부동산시장과 정책
A+, 도시경제학 B-, 거시경제론 C-이다. 중학교 중퇴인 것이

한이 되어 성인을 위한 중·고등학교를 6년 다녔던 내가, 대학교에서 A+ 학점을 받다니 믿기지가 않는다. 학습관에 모여 선배, 동기들과 스터디를 할 때면 너무 어려워서 이 공부를 계속해 나갈 수 있을지, 같이 공부하는 학우들에 비해 나의 실력이 부족한 건 아닌지 많은 고민을 해왔던 나날들이었다. 하루하루 나이를 먹어가고, 일을 하면서 공부한다는 것이 쉬운 일은 아니지만, 나를 성장시킬 수 있기에 평생 공부를 할 것이다. 마당에서 자동차 엔진 소리가 들린다. 딸아이가 기업 탐방을 마치고 들어오나 보다.

"아빠! 오늘 어디 갔다 온 줄 아세요?"

"글쎄, 내가 아는 회사니?"

"네, 아빠도 알고 있는 회사에요. 처음으로 제가 알고 있는 제품을 만드는 공장에 가니 너무 신기했어요. 비록 아직은 기업 탐방을 통해 많은 정보를 얻을 순 없지만, 그래도 막연하게 컴퓨터 앞에서 재무제표를 보는 거랑 탐방을 다녀온 후 재무제표를 보는 거에는 확실히 차이가 있어서 기업 분석을 하는 데 많은 도움이 되는 거 같아요."

"어떤 게 다른 건지 아빠도 경험해보고 싶지만, 아빠는 부동산 공부가 더 좋구나. 오늘 아빠 성적표 나왔는데 한번 보렴."

"우와~ 부동산시장과 정책이 A+네요."

"부동산은 아빠 전문 영역이 맞지?"

"네, 그나저나 아빠 성적표에 비하면 제 성적은 초라해서 보여드리기 부끄럽네요. 저도 열심히 했는데."

"안 보여줘도 아빠는 네가 스펙을 쌓기 위해 학점 관리를 하고 자격증, 영어 공부 등 열심히 하고 있다는 거 알아."

"그렇게 말씀해주셔서 감사해요. 정말 1학년부터 취업 준비를 하게 되다니…. 대학 생활의 로망이 사라진 거 같아요."

"우리 때와는 다른 20대들만의 고민이 있겠지. 아빠도 내 딸이 힘든 거 싫어."

"딸 힘든 거 싫다고 하시는 분이 대학교 졸업하면 바로 독립하라고 하시는 거예요?"

"아빠에게 기대지 말고 돈 버는 법, 쓰는 법을 알아가야지. 지금처럼만 해 나가면 돼."

"알겠어요. 그래도 아직은 아빠가 옆에서 알려주셔야 해요. 모르는 것들 투성이거든요."

"그래. 아빠가 옆에서 많은 도움을 줄 수 있게 노력하마."

"그런데 아빠, 제가 주식 동아리에 들어가게 될 줄은 꿈에도 몰랐어요. 아빠의 도전 정신을 닮았나 봐요."

"경제, 금융 교육을 어떻게 시켜줄까 고민하고 있었는데, 스스로 방법을 찾아서 열심히 하는 거 보면 대견스러워."

"기업 분석을 하다 보면 기업 활동을 이해하고 세계의 경제 흐름까지 공부하게 돼요. 또 선배들 따라 기업 설명회(IR)에 가서 수준 높은 질문을 들을 때면, 공부해야 할 게 많다는 걸 느껴요. 학창시절에 공부를 지겹게 해서 대학교에 오면 신나게 놀려고 했는데, 그때보다 공부해야 할 게 더 많아요. 그래서 아빠가 대학 공부하는 거 보면 대단해요."

"하하하, 그렇게 생각해 주다니 고맙구나. 대학교 수업이란 게 당연히 어렵고, 따라가기 버겁지. 그래서 한 가지라도 알아가자는 마음으로 하고 있단다."

"아빠는 부동산 관련해서도 신경 쓰실 게 많은데 공부까지 하시니, 제가 게을러질 수가 없다니까요."

"힘들어도 주식 공부든 전공 공부든 준비가 되어 있다면 기회가 올 거야. 또 그 기회가 지나갔어도 조급해하지 말고 준비하고 있으면 기회는 반드시 다시 온단다. 우리 딸은 아빠가 보기에 잘하고 있는 것 같으니 다행스럽구나."

"네. 아빠가 저를 이해해주셔서 너무 좋아요. 아참! 작은아버지가 아빠랑 연락이 안 된다고 저한테 전화하셨어요."

"조금 전에 통화했어. 임대료를 올리지 않겠다고 상가 임차인들에게 연락했더니 박소장이 그걸 알고 전화했더라고."

"작은아버지랑 상의 안 하셨어요? 그래도 작은아버지가 상가건물 관리소장이신데 상의는 하셨어야죠."

"박소장은 당연히 임대료를 올리겠다고 할 테니 상의할 수가 없지."

"2년째 임대료 인하를 했으니 건물 관리 차원에서 임대료 인상을 생각하셨을 텐데. 아빠 단독으로 처리해서 많이 서운해 하실 거 같아요."

"나도 임대료 인상을 해야 하는 건 알지만, 코로나로 임차인들이 너무 힘드니 올해까지만 인하하자는 거지."

"상가 건물에 대한 대출이자가 많이 나가는 걸로 알고 있는데 괜찮으세요?"

"조금 부담스럽긴 하지만 지금 임차인들 사정을 보면 어쩔수가 없어. 다행히 착한 임대인 세액공제라는 게 있어서 소득세에서 세액공제를 받고 있단다. 또 세액공제 적용기한이 1년 연장되어 2022년까지 적용된다고 하니, 올해도 임대료 인하액의 최대 70%를 공제받을 수 있게 됐어."

"임대료를 인하해주면 세액공제를 받을 수도 있어요?"

"일정 요건이 있는데, 임대 사업자로 등록한 임대인이여야 하고, 임차인은 2021년 6월 30일 이전부터 임차해 영업을 하고 있는 소상공인이어야 하며, 임대인과 특수 관계인이 아니어야 하는 등의 요건이 있어. 임차인들도 임대료 깎은 게 미안해서 인지 제때 소상공인 확인서를 발급 받아서 잘 주더라고."

"아빠와 오래 함께 하셨던 분들이니 더 마음이 아프실 거 같아요. 그래도 작은아버지 마음 잘 풀어주세요. 아빠가 하시는 일 전적으로 도와주시는 데 상의 없이 처리하시 건 아빠가 잘못하셨어요."

"알아. 박소장한테 미안해하고 있어. 박소장이 건물 관리도 어찌나 잘하는지 임차인들이 좋아하더라고."

"작은아버지 성격이 워낙 꼼꼼하시잖아요. 그런데 아빠, 저는 작은아버지가 회사 그만두고 상가건물 관리소장 하신다고 했을 때 좀 의외였어요."

"왜? 어떤 게 의외였어?"

"한 회사에 오래 다니기도 하셨고, 상가건물 관리소장보다는 중견기업의 부장이라는 자리가 더 좋을 수 있잖아요."

"그럴 수 있지. 평생 직장으로 생각한 곳에서 나온다는 게 쉽지만은 않았을 거야. 박소장 입장에서 큰 도전이었겠지."

"어! 아빠가 하신 말씀을 듣고 보니 아빠, 작은아버지, 저 모두 도전을 하고 있는 중이네요?"

"정말 그러네. 하하하, 그럼 아빠는 박소장의 도전을 응원하기 위해 박소장이 좋아하는 소고기에 소주 한 잔 사주러 가봐야겠어."

"저도 소고기 좋아해요. 아빠."

사촌이 땅을 사면 배가 아프다

성과를 기다릴 시간이 없다.
이번 기회가 지나가면 다음 기회는 오지 않는다.

형님에게 전화를 해도 받지 않는다. 건물 1층에 있는 순대국밥집에 점심을 먹으러 갔다가 임대료를 동결해줘서 고맙다는 말을 들었다. 관리소장인 내가 임차인으로부터 임대료 동결 소식을 들어야하다니, 형님은 나와 상의 없이 이럴 수가 있는 것인가. 낡아가는 건물을 하자 없이 관리하기 위해 매일 성심성의껏 둘러보며 형님 일을 내 일처럼 열심히 도왔는데, 내 노력을 몰라주는 형님이 야속하기만 하다. 형님에게서 전화가 온다.

"형님, 건물 관리자가 임대료 동결 얘기를 임차인한테서 들어야 합니까?"

"박소장, 미리 얘기 못한 건 미안해."

"제가 반대를 한다고 해도 먼저 얘기를 해주셨어야죠. 그건 저를 무시하는 겁니다."

"그럴 의도는 아니었어. 박소장 생각은 잘 알지. 그런데 이번에는 내 의견을 따라줬으면 좋겠어."

"제 일보다 형님 일을 더 챙기는데 상의조차 하지 않고 이렇게 독단적으로 하시다니. 정말 너무 서운합니다."

"앞으로 관리소장 상의 없이 내 마음대로 하는 일은 없을 거야. 내가 미안하네. 내일 박소장이 좋아하는 소고기에 소주 한잔 하지. 사과의 의미로 내가 거하게 쏘겠네."

"뭐 또 그렇게까지…. 알았습니다. 아 참! 형님, 토지 알아보신 건 어떻게 잘 되셨어요?"

"응. 도로랑 인접해 있고, 차량도 진입하기 좋아서 창고 부지로 괜찮을 거 같아. 지금 가격 협상하고 있어."

"그런데 형님, 토지는 환금성이 낮지 않아요? 저라면 그 돈으로 바로 돈 대는 곳을 살 거 같은데."

"당장의 수익을 보자고 하는 게 아니라 괜찮아. 난 시간에 투자하는 거지."

"또 공자님 같은 말씀이십니다."

"박소장도 언젠가 나를 이해하는 날이 올 걸세."

"형님처럼 노후 준비 끝내려면 전 아직도 멀었어요. 형님은 반대하시지만, 저한테는 공시지가 1억, 갭 투자가 최선입니다."

"내가 투자를 반대하는 게 아니라 양도세 비과세가 되는 줄 알고 공시지가 1억짜리 아파트를 샀다고 해서 한소리 한 거지. 그나마 비과세가 돼서 얼마나 다행이야."

"맞아요. 저는 2021년 11월 1일 이전에 양도해서 다행히 비과세를 받을 수 있었는데, 11월 2일 이후 양도했던 친구는 비과세가 안 됐어요."

"최종 1주택 보유 기산일 때문에 일시적 2주택으로 만드는 게 절세법이라고 공공연히 알려졌으니 누가 잘못했다고 말할 수는 없지만 참 안타까운 일이네."

"2021년 7월 11일 조선일보에서 '황당절세법' 기사가 나오고, 다음 날 기재부에서 비과세가 안 된다고 했을 때 얼마나 놀랐는지…. 하필 그때 매도 계약을 한 후라 계약을 취소해야 되는지 고민 많이 했잖아요."

"제수씨가 울면서 전화하는데 마음이 아프더라고."

"집 팔고 좋은 집으로 이사를 가게 돼서 너무 좋았는데, 갑자기 비과세 안 돼서 계약을 취소해야 한다고 하니 완전 날벼락이었던 거죠."

"박소장은 2021년 1월 1일 이전에 3주택으로 만든 거였지? 공시지가 1억은 취득세도 중과되지 않고, 지방 3억 이하라 양도세도 중과 제외된다고 산 거 같아."

"네. 2021년 전에 3주택이었다가 2021년 1월 1일 이후 1주택 과세로 처분하고 남은 2주택이 일시적 2주택이 된 상태에서 양도하면 주택 취득일이 기산일이 된다고 해서 그렇게 한 건데. 그래도 11월 2일 기재부 유권 해석으로 정리가 돼서 다행이에요."

"박소장과 친구는 2021년 11월 2일을 기준으로 세금이 달라지게 된거군. 2021년 1월 1일부터 최종 1주택 규정이 시행되었는데, 11월이 돼서야 정리가 되다니…. 일이 잘 해결돼서 다행이지만, 마음 고생한 거 생각하면 지금도 안쓰러웠어."

"아찔했던 기억이에요. 세금이 무섭다는 걸 그때 느꼈어요. 계약을 취소하면 배액 배상금도 많고, 양도세가 과세되면 그 금액도 만만치 않은 금액이니 어려운 선택을 했죠."

"세무사분들도 비과세된다라는 의견과 과세된다라는 의견으로 나뉘어서 결정을 내리기 정말 어려웠는데, 상황에 맞게 잘 결정한거지."

"투자를 본인 책임하에 한다고 하는데, 세금도 본인이 100% 책임져야 하는 상황이었던 거죠. 지금은 웃으면서 얘기하지만 그 당시에는 힘들었습니다. 하하"

"힘들었던거 알지. 아, 그리고 2022년 5월 10일 이후 양도분부터 최종 1주택 규정이 폐지됐다고 하던데, 알고 있지?"

"네, 신문 기사에서 봤어요. 최종 1주택 규정이 갑자기 폐지돼서 놀랐어요. 폐지돼서 다행이긴 한데 제 친구는 소급 적용을 받을 수 없다나 봐요."

"안타깝지만 세금은 언제든지 바뀔수 있어. 좋은 절세법이라도 나에게 적용되는 것이 있고 아닌 것이 있으니 항상 세금에 관심을 갖고 지켜봐야해."

"세금이 작년과 다르고 내년에도 달라질 수 있다는 생각에 답답하기는 하지만, 우리의 생활과 밀접해서 우리의 상황이 바꿔면 그에 맞게 바뀔 수밖에 없다고 생각해요. 어렵지만 적응해 나가봐야죠."

"그래, 이번 일을 통해서 많은 걸 느꼈을 거야. 본인이 더 잘 알 테니 공자님 말씀은 안 할게. 박소장은 앞으로 더 잘해 나갈 거야."

"추켜세워 주시니까 불안한데요. 임대료 마음대로 하신 거 때문에 미안해서 그러는 거 아니시죠?"

"하하하, 아니야. 박소장 없으면 아무것도 못 한다는 거 잘 알면서 그런다. 내일 식당에서 봐."

"네. 형님."

형님의 많은 자산이 부러워 가끔 배가 아프지만, 어떻게 자산을 일구어 냈는지 잘 안다. 경제적 자유를 이룬 형님은 시간에 투자하라고 하지만, 나는 기다릴 시간이 없다. 형님의 커다란 발자국 하나를 따라가기 위해 난 무수한 걸음을 걸어야만 하기 때문이다. 형님도 그동안의 무수한 걸음이 모여 지금의 커다란 발자국이 되었겠지. 하루하루의 걸음이 모여 크고 위대한 발자국이 되기 위해 난 오늘도 부지런히 걷는다. 아니 기회를 잡기 위해 뛰어야만 한다.

표1이냐 표2냐 그것이 문제로다

헷갈린다 헷갈려!
장기보유특별공제 표1이야? 표2야?

　아침 일찍 사무실 앞에 놓인 신문을 볼 때면 형님이랑 신문을 배달했던 어릴 적 생각이 난다. 새벽에 더 자고 싶어 하는 나를 이끌고 가는 형님이 야속했지만, 신문 배달을 하지 않으면 학교 기성회비를 낼 수가 없었다. 그때부터였을까, 하루라도 신문을 보지 않으면 해야 할 일을 하지 않은 것 같다. 종이 신문은 매일 사무실로 찾아와 국내외 경제 이야기를 들려준다. 그리고 그 이야기를 들으며, 앞으로의 경제 시장과 정책이 어떻게 변화할지에 촉각을 세우게 된다. 오늘은 신문에 '연말정산 간소화 자료 일괄 제공 서비스'를 도입한다는 기사가 나왔다. 마침 연말정산 관련 업무가 한창이라 자세하게 읽어본다.

이달은 부가가치세 신고 및 직원들의 연말정산을 챙겨야 돼서 바쁘다. 물론 세무사 사무실에 신고를 맡기지만, 신고 자료를 챙겨야 하는 것은 오롯이 나의 몫이다. 직장인이었을 때는 연말정산 자료만 인사팀에 제출하면 월급에서 알아서 세금이 나갔는데, 형님 회사로 오면서부터는 세금에 대해 수동적인 자세가 아닌 능동적인 자세로 대처해야만 했다.

형님이 건물 관리를 내게 부탁하면서 다니던 회사를 그만두는 건 쉽지 않은 선택이었다. 하지만 회사를 계속 다닌다고 해서 내가 원하는 삶을 살고 있을지 확신이 들지 않았다. 반면, 형님 가까이서 형님처럼 생각하고 행동한다면 나의 삶이 바뀔 거 같았다. 무엇보다 형님을 따라가려면 아직 턱없이 부족하지만 내가 원하는 삶을 살 수 있겠다는 확신이 들었다. 그래서 세금에 세자도 모르던 내가 형님을 조금이라도 따라가기 위해 인터넷을 찾아보거나 주변에 물어보면서 세금에 대해 알아가고 있는 것이다. 부가가치세 자료 제출 문의 겸해서 세무사 사무실에 전화를 건다.

"세무사님. 부가세 자료 언제까지 보내드리면 될까요?"

"늦어도 이번 주까지는 주셔야 돼요. 확정신고기간이라 직원들이 매일 야근을 하거든요."

"네. 빨리 정리해서 보낼게요. 아, 그리고 오늘 아침 신문에 연말정산 간소화 자료 일괄 제공 서비스가 도입되었다는데, 그게 뭐예요?"

"그동안은 근로자가 연말정산 간소화 자료를 직접 받아서 회사에 제출했는데, 올해부터는 회사가 국세청으로부터 간소화 자료를 일괄적으로 제공 받을 수 있는 서비스예요."

"저희 관리실 직원들도 할 수 있는 거예요?"

"그럼요. 근로자가 간소화 자료 일괄 제공 신청서를 제출하면, 회사는 일괄 세공 멍단을 국세청 홈택스에 등록하고, 근로자가 국세청 홈택스에 접속하여 신청하였음을 확인 및 동의를 해요. 물론 이때 근로자는 민감 정보 등은 사전에 삭제할 수 있고요. 그렇게 근로자의 확인이 끝나면 간소화 자료를 회사에서 일괄적으로 받아 연말정산을 진행하게 되는 거예요."

"직원들이 연말정산 간소화 자료를 제출하거나 파일 업로드를 하는 불편함이 줄어들겠네요. 직원들에게 일괄 제공 신청서를 줘야겠어요. 아, 그리고 회사에서 연말정산을 못한 직원이 있다면 어떻게 해야 하나요?"

"5월 종합소득세 신고기간에 하시면 돼요. 또 연말정산을 잘못한 경우에도 5월에 올바르게 신고할 수 있고요."

"회사에서 못했다고 연말정산을 할 수 없는 게 아니었군요."

"근로소득도 종합소득세의 일부로서 5월에 신고를 해야 하지만, 근로소득만 있어서 회사가 연말정산을 한 경우에는 종소세 신고를 한 것으로 보는 거예요. 회사에서 신고를 하니 근로소득을 종합소득에 포함되지 않는다고 많이들 생각하세요."

"회사에서 연말정산으로 끝냈으니 그렇게 생각할 수도 있겠네요."

"종합소득세는 누진세율, 즉 소득이 많아질수록 세율이 높아지는 구조예요. 그래서 연말정산한 근로소득도 다른 소득과 합산해서 그에 맞는 세율을 적용받아야 하죠. 요즘 투자를 많이 하셔서 주택임대소득, 배당소득, 3.3%로 불리는 인적용역사업소득 등 합산해야 되는 소득이 발생할 때 근로소득을 제외하고 신고하거나 신고 방법을 몰라서 엉뚱하게 신고하는 분들이 많아요. 또 신고 안내를 받아도 본인은 신고 대상이 아니라고 생각하는 분들도 있고요."

"작년에 연말정산 과다공제 점검이 나왔을 때 당황했던 기억이 나네요."

"처음 접해 본 일이라 그러셨을 거예요. 연말정산 과다공제 점검은 5월 신고기한 마감 후 이루어질 수밖에 없기 때문에 회사로부터 연말정산 과다공제 통보를 받은 분들은 가산세라는 문제가 생겨요. 그래서 가산세를 내야할 때 '배우자의 소득금액이 100만 원 초과인 걸 몰랐다.', '다른 가족이 공제받은 걸 몰랐다.' 등의 사연을 말하며, 도움을 청하죠. 하지만 몰랐다고 해서 사정을 봐드릴 수가 없어요. 그래서 연말정산을 누락했거나 공제받은 것이 많다면 꼭 5월 종소세 신고기간에 본인이 직접 신고하셔야 돼요. 또 한 해에 근로 소득이 여러 곳에서 발생했다면 그것도 5월에 근로소득을 합산해서 종소세 신고를 하셔야 되고요."

"소득이 있다면 세금을 멀리하지 말아야겠네요."

"세금 환급을 받는 것도 신고를 해야지만 받을 수 있으니, 5월 종소세 신고기간에 한 번씩만 신경 써주면 좋겠어요."

"알려주셔서 감사해요. 세무사님 바쁘신데 한 가지만 더 여쭈어볼게요. 저번에 말씀드린 제 친구 양도세 관련 장기보유특별공제는 어떻게 됐어요?"

"거주를 2년 이상 하지 못해 장특공 표1을 적용했어요."

"2년 거주를 하지 않으면 장특공 표2 적용을 못 받는 거예요? 표1은 30%이고, 표2는 80%로 공제해주는 게 적잖아요."

"표2는 비과세와 상관없이 1주택이거나 1주택으로 보는 2주택이면 적용이 되는 건데, 거주 2년을 하지 않으면 표1을 적용받게 돼요. 친구분은 10년을 보유했어도 거주 2년을 하지 않아서 일시적 2주택이었음에도 표1이 적용된 거죠."

"그렇군요. 그런데 한 가지 이해가 안 되는 게 친구랑 저는 주택 수도 똑같았고, 취득 시기도 비슷했는데 받는 혜택이 이렇게나 차이가 날 수도 있나요? 물론 최종 1주택 기산일이 달라지긴 했지만, 그렇다고 저는 비과세가 적용되어 9억 초과분(2021. 12. 08일부터는 12억)에 대해서 표2를 적용받고, 친구는 비과세도 안 되고, 2년 이상 거주하지 않아서 표1을 적용받는다는 게 이해가 잘 안되거든요."

"주택 수가 같아도 양도시기가 달라 법 적용이 다르게 된 거죠. 모든 상황이 다 같을 수 없어서 각자 상황에 맞게 법을 적용해야 돼요.”

"이제 계약하기 전에 세금을 꼭 알아보고 해야겠어요. 물론 그동안 마음 고생한 걸 생각하면 다시는 하고 싶지 않지만요.”

"맞아요. 계약서 사인하기 전에 확인 또 확인이 필요해요.”

"다음에 또 하게 된다면 그때는 정말 꼼꼼하게 살펴 봐야겠어요. 세무사님, 바쁘실 텐데 도움 주셔서 감사합니다. 그만 전화 끊을게요. 아, 그리고 부가세 자료는 최대한 빨리 보내도록 하겠습니다.”

나와 같이 열심히 살았던 친구인데 내가 그 마음을 모를까. 그 마음을 다 위로해주지는 못해도 언제 소주 한 잔 기울이며 이야기를 들어줘야겠다.

장기보유특별공제

아빠, 장기보유특별공제가 뭐예요?

일정 기간 이상 보유한 부동산 양도에 있어 보유 이익이 누적되는 것을 감안하여 양도소득금액을 계산할 때 양도차익의 일정 부분을 공제해주는 거야.

공제를 얼마나 해주나요?

표1, 표2에 따른 공제율 두 가지가 있는데, 표1은 보유 3년 이상 보유기간별 연 2%로 최대 15년 30%가 적용되고, 표2는 보유 3년 이상이면서 거주 2년 이상일 때 보유기간별 연 4%, 거주기간별 연 4%로 최대 10년 80%가 적용된단다.

[표1]

보유기간	3년~	4년~	5년~	6년~	7년~	8년~	9년~	10년~
	11년~	12년~	13년~	14년~	15년~			
공제율	6%	8%	10%	12%	14%	16%	18%	20%
	22%	24%	26%	26%	30%			

[표2]

보유기간		3년~	4년~	5년~	6년~	7년~	8년~	9년~	10년~
공제율	보유기간	12%	16%	20%	24%	28%	32%	36%	40%
	거주기간	2년~ 8% / 3년~ 12%	16%	20%	24%	28%	32%	36%	40%

주택마다 공제율이 다른 거예요?

응. 공제를 못 받는 주택이 있고, 표1, 표2에 따른 공제율이 적용되는 주택이 있어.

공제를 못 받는 주택이 있어요?

있지. 보유기간이 3년 미만인 주택과 오래 보유했어도 미등기 주택, 다주택 등 중과세율 적용 주택은 공제를 받을 수가 없어.

양도세 중과세율 적용을 받으면 장기보유특별공제가 안 돼요?

응. 중과세율 적용을 받는 주택은 3년 이상 보유하였더라도 장특공 공제가 안 된단다.

양도세 중과가 한시적 유예가 되면 장기보유특별공제가 돼요?

보유기간 3년 이상인 경우, 15년 이상 보유시 최대 30% 공제되는 표1을 적용받을 수 있어.

어떤 주택이 표2 공제율에 적용되는 거예요?

보유기간 3년 이상이면서 거주기간 2년 이상인 1주택이여야 한단다.

1주택만 있어야 적용된다는 거예요?

1주택으로 보는 2주택을 포함하는 것으로 일시적 2주택, 상속·혼인·동거봉양으로 인한 2주택, 거주주택과 장기임대주택, 주택과 조합원 입주권, 주택과 분양권 등이 이에 해당된단다.

비과세가 적용되는 1주택이어야 하는 거예요?

표2에 적용되는 1주택에는 비과세 여부와 상관없이 1주택을 보유하면 되고, 비과세 요건을 갖춘 고가 주택은 12억 초과분에도 표2가 적용 돼.

표1은 보유기간에 따른 공제율만 있는데, 표2는 거주기간에 따른 공제율도 있네요?

맞아. 거주기간 요건이 강화되어 거주 2년 이상을 해야만 표2를 적용받을 수 있어.

표2 공제율은 보유기간, 거주기간을 따로 계산해야 되는 거예요?

공제율은 보유기간별 연 4%, 거주기간별 연 4%로, 예를 들어 설명해 볼게. 보유 3년, 거주 2년을 한 경우는 보유 12%와 거주 8% 공제율을 합해 20% 공제가 되고, 보유 10년, 거주 4년이라면 보유 40%와 거주 16% 공제율 합해 56% 공제가 된단다.

보유기간은 어떻게 계산해요?

 장기보유특별공제 기산일은 양도 자산의 취득일부터 양도일까지야.

 장기보유특별공제 표1, 표2 적용에 따라 세금 차이가 있겠네요?

 맞아. 장특공 공제를 못 받거나 표1, 표2 적용에 따라 세금 차이가 있기 때문에 어떤 공제율을 적용받는지는 확인해 보는 게 좋단다.

6편_

내 잘못이
아니야!

정이 많고 착한 60대 할머니

문제가 생겨도 자신과 의논하지 않고 모든 일을 스스로 처리하는 남편에게 서운해 한다. 부동산 투자에 능숙한 영숙과 늦었 더라도 시작하려는 순자를 부러워한다.

정희

자신의 무지와 부주의로 일을 그르치는 걸 싫어하는 60대 정희 남편

서울 대기업 본사에 다니다 정년퇴직 2년 을 앞두고 지방으로 발령을 받아 지방에 있는 주택을 사게 된다. 그리고 이때 조정 지역 지정 및 세법 개정에 대처하지 못하 여 종합부동산세를 많이 내게 된다.

정희 남편

호랑이보다 더 무서운 종과

내 탓인 게 싫다.
내게 잘못했다고 하는 게 싫다.

종합부동산세 고지서가 날라왔다. 두 눈을 의심했다. 납부 고지에 대하여 의문이 있으면 문의하라는 전화번호로 1시간 가까이 전화를 해보지만, 여전히 통화 중이다. 세무서 대표전화로 전화를 하니 종부세 고지서가 발송되어 담당자가 다 통화 중이라 연결이 어렵다고 한다. 전화번호를 남겨 놓으면 연락을 준다고 하여 연락이 올 때까지 휴대폰만 쳐다본다.

2019년 1월의 어느 날.

퇴직을 몇 년 앞두면 지방에 있는 사업소로 내려가야 한다. 지방으로 가기 싫은 동료들은 그만두지만, 난 끝까지 회사를 다닐 것이다.

서울에서는 모든 시간을 회사에서 보낸 탓에 항상 바빴는데, 지방에 오니 시간적으로 여유가 생겨서 좋다. 지방의 이곳저곳을 둘러보니 경치 좋은 곳들이 많다. 그동안 회사 일이 바쁘다는 핑계로 변변한 가족 여행 한 번 다니지 못 한 것에 대해 아내와 아이들에게 미안하다. 이곳의 직원들 역시 모이면 부동산 얘기를 한다. 수도권, 광역시만 집값에 관심이 있는 줄 알았는데, 이런 지방 도시들도 부동산에 관심이 많다.

네이버 부동산을 켜고 집값을 확인했다. 서울 집값에 익숙해서 그런지 이곳의 집값이 싸게 느껴졌다. 이곳 토박이 직원에게 어디가 대장 아파트인지 물어본 뒤, 주말에 대장 아파트를 둘러봤다. 우선 이곳의 입지는 괜찮아 보였다. 다만, 지방은 인구가 줄어들어서 매매는 위험하다고 들었기에 사도 되는 것인지 고민이 되었다. 이후 직원들이 하는 부동산 얘기를 주의 깊게 들어 보았다. 대부분의 직원들이 이미 집값이 올랐는데, 지금이라도 사야 하는지 고민을 하고 있었다. 내 입장에서는 이렇게 싼 가격을 두고 고민하는 직원들이 이해가 되지 않았다. 서울 집값의 반에 반도 안 되는 가격인데….

주말에 다시 대장 아파트에 들러 중개소 사장님이 추천하는 물건을 샀다. 10년 이내의 아파트라 고칠 필요도 없단다. 그렇게 지방 발령으로 인해 생각지도 않은 집을 사게 되었고, 나는 2주택자가 되었다. 하지만 부동산 대책이 나올 때마다 '중과', '폭탄'이라는 제목의 신문 기사들을 많이 봤기에 걱정이 앞선다. 그런 일들이 내게 해당되는 건 아니겠지. 무엇을 알아보고 누구에게 물어봐야 할지 모르겠다. 막막한 심정에 고민하고 있던 찰나, 회계팀 홍대리가 생각났다. 염치 불고하지만 회계팀 홍대리에게 물어보기로 한다.

"홍대리, 세금에 대해서 잘 알지? 세무학과 나왔다며?"

"회계팀에서 법인세, 부가가치세를 담당하고 있기는 한데, 무슨 일 있으세요?"

"그럼 혹시 부동산 세금에 대해서는 아는 거 없어?"

"부동산 세금이면 취득세, 양도세, 주택임대소득, 종부세 같은 거요?"

"세금 종류가 그렇게나 많아? 진짜 큰일이네. 다른 게 아니고 홍대리, 내가 이번에 어쩌다 집이 2채가 됐는데, 세금이 걱정돼서."

"그런 거라면 저보다는 전문가와 상담하셔야죠."

"상담을 해도 내가 뭘 알아야 상담을 하지. 기본적인 것만이라도 알려줘. 네이버에 검색을 해도 당최 무슨 내용인지 모르

겠어. 홍대리는 무슨 말인지 알 거 아냐."

"어떤 게 궁금하신 건데요?"

"몇 달 전에 이 지역 아파트를 샀는데, 서울에도 아파트가 있어서. 혹시 세금에 영향이 있을까?"

"지금 여기는 비조정지역이라 크게 신경 안 쓰셔도 돼요. 그런데 만약 조정지역이 되면 양도세, 종부세가 바뀌게 돼요."

"여기가 조정지역이 되겠어?"

"글쎄요. 요즘 조정지역이 될 거라는 이야기가 돌고 있어서 안심할 순 없어요."

"조정지역이 되면 어떻게 되는데?"

"취득 시 조정지역이면 거주 2년을 해야 되고, 양도세 중과가 될 수 있어요. 이건 상황을 하나하나 따져봐야 해서 무조건 중과가 된다는 건 아니지만, 그래도 중과가 될 수 있는 여지는 있죠. 그리고 종부세도 중과가 돼요. 공시지가가 올라가고 세율도 높아져서 종부세 부담이 커진다는 얘기가 있거든요."

"그렇군. 조정지역이 되면 부담이 될 수 있겠어. 홍대리 알려줘서 고마워."

"아닙니다. 아무튼 지금 이곳이 비조정지역이라고 해도 추후 조정지역이 될 수 있으니 꼭 상담 받아보세요."

"그렇게. 홍대리 도움 많이 됐어."

까마득한 부하 직원에게 이것저것 물어보는 게 탐탁치는 않았지만, 그래도 홍대리에게 물어보길 잘했다는 생각이 든다.

'설마 지방까지 조정지역이 되겠어.'

세무서에서 연락이 왔다.

"안녕하세요. 연락주셨다고 하셔서 전화드렸습니다."

"종부세 고지서를 받는데, 금액이 커서 전화드렸어요."

"남겨 주신 주민등록번호로 조회해 보니, 조정지역 2주택이고 합산 배제 신청한 임대주택이 없으셔서 맞는 금액이에요."

"그건 나도 알아요. 그런데 한 채는 팔려고 내놨는데 안 팔리는 집이에요. 팔고 싶어도 안 팔리는 걸 어떡합니까?"

"매년 6월 1일 기준으로 주택 수를 판단하기 때문에 일시적 2주택이어도 주택 수에 포함됩니다."

"그걸 몰라서 얘기하는 게 아니잖아요. 내가 살 땐 조정지역이 아니었어요. 조정지역이 돼서 양도세 중과까지 감수하고도 팔려고 내놨는데, 거래가 동결돼서 팔리지가 않는다고요."

"모든 분들의 사정을 일일이 살피지 못하는 점 죄송합니다."

"그리고 이 많은 세금을 한 번에 어찌 다 냅니까?"

"한 번에 납부하시기 어려우시다면, 분납 신청도 가능하세요. 납부할 세액이 500만 원을 초과하셔서 납부세액의 50% 이하 금액을 내년 6월까지 나눠서 내실 수 있어요. 관할 세무서나 국세청 홈택스 또는 손택스에서 신청 가능합니다."

'그래도 그렇지 이 많은 세금을 어찌 내라고!'

말해도 소용없다는 거 안다. 그래도 말하고 싶다. 이 답답한 심정을 어디에 말할 수 있단 말인가! 방에 있던 아내가 통화 내용을 들었나 보다.

"무슨 일이에요? 세금이 많이 나왔어요?"

"몰라도 돼요."

"팔아도 안 팔리는 집이 있다는데, 집 산 거 있어요?"

"지방 사업소에 갔을 때 아파트 하나 산 거 있는데, 당신은 신경 안 써도 돼요."

"무슨 일이 생기면 같이 의논해요. 왜 당신은 혼자서 모든 걸 처리하려고 해요."

"당신이 신경 쓸 정도로 큰일이 아니니까 그렇지. 혼자서 잘 처리할 수 있으니 신경꺼요."

"알았어요. 당신이 알아서 잘하겠지만 다음부터는 얘기라도 해줬으면 좋겠어요."

"별일 아니라니까 그러네. 나갔다 오리다."

내 탓인 게 싫다. 내게 잘못했다고 하는 게 싫다. 조정지역이 되고 종부세 중과세율이 적용된다고 할 때 미리 알아보고 대처했어야 했다. 집 살 때는 계약서에 사인만 하면 됐는데, 팔 때는 신경 써야 할 게 왜 이렇게 많은지⋯. 집을 판다는 것이 이렇게나 힘든 일인 줄 몰랐다. 이제 퇴직해서 연금으로 생활해야 하는데 무슨 돈으로 종부세를 낸단 말인가. 다른 방안은 없는 것인가.

지금 시작해도 늦지 않았다

내가 할 수 있는 게 있으면 좋겠다.
이 나이에도 시작할 수 있는 게 있을까?

남편은 왜 모든 걸 혼자서 결정하고 해결하려는 것일까? 주
위에 도움을 받으면 창피한 것일까? 내가 할 수 있는 게 있으면
좋겠다. 친구들은 각자의 힘으로 무엇이든 이루어 나가는데,

나는 그동안 뭘 했던 것일까. 아무것도 하지 않은 내 자신이 후회스럽다. 영숙이가 권할 때 용기 내어 볼걸, 순자가 용기 내어 시작할 때 같이 해 볼걸.

2017년 12월의 어느 날.

오랜만에 여고 동창 모임을 했다. 친구들 모두 집 얘기를 하는데, 아무것도 가진 것이 없는 난 이 이야기에 참여할 수가 없다. 남편이 일하는 동안 나 홀로 아이들을 키웠지만, 남편은 나와 공동명의를 할 생각이 없다. 친구 중에 제일 부자인 영숙이에게 물어봤다.

"영숙아. 너네 집값도 많이 올랐지?"

"그렇지. 요즘 안 오른 집이 어딨겠어."

어렸을 때부터 공부도 잘하고 마음씨 넓은 영숙이가 좋았다. 영숙이는 어렵게 살 때도 주위에 도움을 베푸는 친구였다. 그런 영숙이가 부동산에 관심을 갖으라고 했을 때 가정주부인 내가 무엇을 할 수 있을까 하고 말았는데 영숙이는 보란 듯이 해냈다.

순자가 모임이 끝나고 영숙이를 따로 만날 수 있게 해보라고 재촉한다. 그래서 영숙이에게 슬며시 언질을 주고, 모임이 끝난 뒤 다시 모였다. 어색한 기운이 감도는 공간, 순자가 영숙이에게 투자처를 물었고, 신중한 영숙이는 시간을 달라고 했다. 당연히 시간을 주는 게 맞다. 그렇게 우리는 헤어지고, 영숙이와 다시 만날 날을 기다렸다.

며칠 후, 영숙이에게 만나자는 연락이 와서 광화문에서 만났다. 동창 모임이 있고 나서 일주일 만에 다시 모이게 된 것이다. 영숙이가 조심스레 오피스텔에 대해 설명을 한다. 영숙이는 월급이 없는 우리는 월세를 받는 수익형 부동산도 괜찮다고 했다. 물론 영숙이가 말하는 내용을 다 이해하지는 못했지만 투자를 해도 괜찮을 거 같다. 다만, 남편이 주는 생활비를 아껴

모은 돈이 있지만, 그리 큰 돈이 아니어서 투자를 할 수 있는 곳이 있을지는 모르겠다. 이후, 어떻게 투자를 하면 좋을지 영숙이에게 물어보려 했지만, 순자가 먼저 영숙이에게 간다. 다음에 물어봐야겠다. 그리고 그날 저녁, 식사를 마치고 쉬고 있던 내게 순자로부터 전화가 왔다.

"정희야, 나 오피스텔 계약했어."

"뭐? 어떻게?"

"영숙이랑 오피스텔 보러 갔다가 계약했어."

"영숙이가 사래?"

"영숙이한테 말 안 하고 사긴 했는데, 영숙이가 괜찮게 생각했으니까 보러 갔겠지."

"너무 빨리 산 거 아니야? 살고 있는 집 말고 사 본 적 없잖아. 조금만 더 고민해보고 사지."

"사기로 했으면 빨리 해야지. 그나저나 넌 안 할거야?"

"난 생각 좀 더 해보려고. 남편하고 상의도 해야 하고."

"네 남편한테 말하면 사라고 하겠니? 모르게 해. 내가 그동안 딴 주머니 차라고 그렇게 말했는데, 너도 참. 아무튼 난 하나 샀더니 부자 된 기분이야. 이제 월세 받으면 조금은 노후 생활이 편안해지겠지!"

"원하는 거 이뤄서 축하해. 다음에 영숙이랑 보자."

"그래. 너도 고민 그만하고 뭐라도 빨리 사."

"알겠어."

순자도 시작했다.

'이 나이에도 시작할 수 있는 게 있구나!'

내 명의로 하면 안 되는 거예요?

　거실 테이블에 노란 종이가 올려져 있다. 우편물 봉투에는 국세청이라고 찍혀 있고, 납부기한이 2021년 12월 15일까지라고 적혀 있다.

'무슨 세금이 이렇게 많지.'

남편이 화내면서 통화한 게 이 세금 때문이구나! 연금으로 생활하는 우리에게는 큰 금액이라 걱정이 되어 영숙이에게 전화를 했다.

"영숙아, 국세청에서 남편한테 뭘 납부하라고 고지서가 하나 왔는데, 남편은 억울한 세금이라면서 화를 내더라고. 근데 내가 뭘 알아야지."

"종부세 고지서 받았니? 종합부동산세."

"어! 종합부동산세라고 적혀 있어."

"주택 수가 몇 채인데?"

"서울에 하나, 지방에 하나 있어."

"2채 다 남편 명의야?"

"응. 다 남편 명의로 되어 있어."

"임대 등록한 건 없고?"

"집에 대해서는 남편이 얘기를 안 해서 잘 모르겠어. 지방에 아파트가 있다는 것도 얼마 전에 알았거든."

"임대 등록으로 합산 배제되는 거 아니면 종부세 고지금액은 변동이 없을 거야."

"정말? 큰일이네. 남편은 계속 억울하고 부당하다고 하는데…. 무슨 방법이 없을까?"

"법이 부당하다고 말할 수 있지. 법이 잘못됐다면 잘못된 거라고 말해야만 하는 거고. 난 법이 바뀌면 거기에 맞춰서 대응하는 것만이 지금 내가 할 수 있는 일이라고 생각해. 너희 남편은 바뀐 세법에 대응을 못 한거고."

"그럼 법 바뀌는 걸 전부 알고 있어야 하는 거야?"

"꼭 그런 건 아니지만, 부동산 정책이 나올 때만이라도 챙겨 보는 것이 좋아. 그래야 무엇이 바뀌는지, 나한테 해당 되는 것은 어떤 것들이 있는지 등을 알수 있으니까."

"부동산 정책과 세금이 연관되어 있는지 몰랐어. 아마 남편도 몰랐을 거야."

"부동산과 세금은 떼려야 뗄 수 없어. 항상 새로운 부동산 정책이 나오면 당연히 세금도 어떻게 바뀌는지를 발표하게 돼. 그때 바뀌는 사항이 법을 바꿔야 되는 건지, 시행령을 바꿔야 되는 건지를 확인해 보면 실행 가능성과 시행 시기를 생각해 볼 수 있어."

"법인지 시행령인지는 우리가 어떻게 알아? 모르는 사람이 더 많지 않을까?"

"맞아. 법령을 우리가 알 수 있는 건 아니지. 하지만 큰 틀에서 법과 시행령이 있다는 것을 알고 있으면, 세율은 법에, 중과 제외 주택 열거는 시행령에 있다는 것 정도는 알게 될 거야. 법은 국회에서 개정되는 거고 시행령은 정부에서 개정을 하게 돼. 법은 국회의 통과를 거쳐야 하니 시간이 다소 걸릴 수 있지만, 시행령은 정부가 결정하는 거여서 바로 반영될 수 있는 여지가 있어. 그래서 정책으로 나온 사항을 보고 앞으로 어떻게 될지, 대응을 어떻게 해야 할지를 생각해 보는 거지."

"그럼 우리 남편이랑 나는 어떻게 해야 되는 거니?"

"종부세가 부담되면 양도를 하거나 너에게 증여해서 명의를 나누는 방법이 있는데, 각각 장단점이 있어. 양도는 양도세 중 과세율, 증여는 취득세 중과세율을 적용받을 거야. 어느 방법이 나을지는 남편과 상의해봐."

"남편이 나한테 명의를 줄까?"

"아마 종부세 고지서를 받고 마음이 바뀌었을 거야. 잘 상의하고 이제는 세금에 대해서도 잘 알아야 한다고 전해줘."

"알겠어. 도와줘서 고마워, 영숙아."

"고맙긴, 아무튼 남편하고 잘 얘기해 봐. 또 물어볼 거 있으면 언제든지 전화하고."

그렇게 영숙이와 통화를 마친 뒤, 다시 한번 국세청에서 온 고지서를 쳐다본다. 남편은 과연 나에게 명의를 이전해 줄까?

양도소득세·종합부동산세 중과

 홍대리. 양도소득세 중과가 뭐야?

 양도하는 주택이 조정지역에 있으면 주택 수에 따라 세율이 달라지는 것을 말해요. 2주택일 때 기본세율에 20% 가산, 3주택일 때는 30% 가산이 되죠.

 세율이 높아지면 내야 하는 세금이 많아지는 건가?

 아무래도 기본세율이 35%인데, 중과되어 2주택 55%, 3주택 65%이면 차이가 있죠.

 2주택, 3주택자면 다 중과되는 거야?

 그건 아니에요. 양도하는 주택이 조정지역에 있어야 하고 주택 수에 포함되지 않는지, 중과 제외되는 주택인지에 따라 달라요.

 주택 수에 포함되지 않은 주택은 어떤 거지?

 양도 당시 기준 시가 3억 이하인 주택인데, 지역마다 다르기 때문에 어느 지역인지 살펴봐야 해요.

양도세 중과 제외되는 주택은 뭐야?

양도세 중과 제외되는 주택을 양도하면 보유주택이 여러 채라도 중과 적용을 받지 않아요. 3주택 이상일 때 중과 제외되는 주택이 있고, 2주택일 때 중과 제외되는 주택이 있어요.

3주택 이상일 때 중과 제외되는 주택은 뭐지?

조금 전에 설명해 드렸던 주택 수에 포함되지 않는 기준 시가 3억 이하 주택과 장기임대주택, 조특법상 감면 주택, 상속 개시일로부터 5년 이내 상속받은 주택, 가정어린이집, 중과 제외 주택 외 1주택 등이 중과 제외되는 주택이에요.

2주택일 때 중과 제외되는 주택은 달라?

3주택 이상에서 중과 제외되는 주택에 몇 가지 더 제외되는 주택이 있어요. 일시적 2주택의 3년 이내 양도한 종전주택, 취학·근무 형편 등의 사유로 양도하는 주택, 혼인·동거봉양으로 합가한 주택, 정비 구역이 아닌 양도 당시 기준 시가 1억 이하 주택 등이 해당돼요.

한시적으로 양도세 중과 배제를 해준다며?

2022년 5월 10일부터 보유기간 2년 이상인 조정대상지역 내의 주택을 2023년 5월 9일까지 양도하는 경우는 다주택자라도 한시적으로 양도세 중과 제외를 해요.

양도세 중과 배제를 해주면 여러 채가 있어도 기본세율이 되는 거야?

 네, 2~3채 이상이어도 2년 이상 보유하고 양도하면 기본세율이 적용된다는 거예요.

 종합부동산세 중과는 어떤 걸 알아야 해?

 종부세는 조정지역 2주택이거나 총 3주택 이상이 되면 중과세율을 적용받게 돼요.

 종부세 중과세율이 높아?

 양도세 중과처럼 세율에 몇 퍼센트를 가산하는 건 아니지만, 기본세율에 2배 정도 돼요. 세율 차이가 2배 정도 되다 보니 납부금액에 차이가 나게 되는 것이죠.

 종부세 중과는 어떤 걸 알아야 하지?

 종부세는 6월 1일 기준이 중요해요. 6월 1일 기준으로 조정지역 주택인지, 주택 수에 포함되는지, 합산 배제 주택인지를 따져 봐야 해요.

 종부세 주택 수는 어떻게 계산되는데?

 종부세는 인별과세로 본인이 소유하고 있는 주택 수로 세율이 적용되는데, 부부 공동명의인 경우 각각을 1주택으로 봐요.

지분 50%씩 가지고 있는 것도 각각 1주택을 보유한 걸로 본다고?

 네. 그래서 부부 공동명의자는 1주택 특례 신청을 하면 1주택자로 간주하여 1주택 종부세 혜택을 받을 수 있어요.

 1주택 특례 신청은 뭐야?

 1세대 1주택자가 부부 공동명의 이거나 일시적 2주택, 상속주택, 지방 저가주택을 보유하게 되는 경우, 2주택자임에도 불구하고 1주택을 소유한 것으로 보아 1주택자에게 적용되는 11억 공제 및 세액공제를 적용받을 수 있게 하는 신청이에요.

 종부세 합산 배제 주택은 종부세 계산시 주택 수에 포함돼?

 장기임대주택, 사원용 주택, 기숙사, 어린이집 등에 대한 합산 배제 신고서를 매년 9월 16일부터 9월 30일까지 국세청에 제출하면 종부세 계산시 주택 수에 포함되지 않아요.

 종부세는 중과 배제 해주는 게 없어?

 네. 양도세처럼 한시적으로 중과 배제 해주는건 없지만 송부세가 매년 바뀌고 있어서 어떻게 개정되는지 지켜보는 게 좋을거 같아요.

이꼬사관의 하루를 마치며

내일은 토요일이라 퇴근길 발걸음이 가볍다. 집에 오자마자 숨 돌릴 틈도 없이 저녁 식사 준비를 한다. 남편은 삼프로TV 라이브를 들으며 퇴근을 한다. 저녁 식사를 하면서 나는 아이와 이야기를 나누고 남편은 여전히 삼프로TV를 듣고 있다.

삼프로TV가 끝났는지 남편이 이어폰을 뺀다. 난 기다렸다는 듯이 남편에게 오늘 주식 장은 어땠는지 묻고, 남편은 나에게 미국 주식 양도세 신고를 증권사에 맡길지, 직접 신고할 건지, 또 ISA 계좌의 세금 혜택은 어떤 것들이 있는지 물어본다.

이렇게 남편과 한참 주식 이야기를 나누다 보면, 아이는 자기와도 이야기하자며 애교를 부린다. 아이의 귀여운 행동을 보면 힘든 하루의 고단함이 눈 녹듯 사라진다. 남편은 식사를 마치고 염블리, 슈퍼개미 유튜브 채널을 보러 방으로 들어간다. 이후 딸아이를 씻기고, 재우고 나면 고단했던 나의 하루가 마무리가 된다. 많은 사람들을 만나 힘이 드는 직업이지만, 곤히

자고 있는 아이를 보며, 그리고 언제나 날 믿고 응원해주는 남편이 있기에 힘이 난다.

앞으로는 대주주 여부와 상관없이 국내 주식 투자로 일정 금액을 넘는 양도소득에 대해 금융투자소득세가 과세될 예정이다. 이제 주식, 펀드 등 금융투자와 관련된 세금 공부도 게을리 해서는 안 된다. 모두가 잠든 시간, 세법 공부를 하기 위해 오늘도 책을 펼친다. 창밖에 환한 조명들이 화려하게 불을 지피고 있는 새벽, 나에게는 모르는 것들을 새롭게 알아가는 뜻깊은 시간이다. 그리고 이 시간, 나는 살아있음을 또 한 번 느낀다.

부동산 세금 정리 노트

부동산 세제 완화 정책

◇취득세

1주택자의 원활한 주거 이동을 보장하기 위해 1~3%인 세율을 단일화하거나 세율 적용 구간 단순화
단순누진세율을 초과누진세율로 전환
생애최초 주택 구매자에 대해 취득세 면제 또는 1% 단일세율 적용
조정지역 2주택 이상에 대한 누진과세 완화

◇양도소득세

다주택자에 대한 중과세율 적용을 최대 2년간 한시적으로 배제하고, 부동산 세제의 종합 개편 과정에서 다주택자 중과세 정책 재검토

◇종합부동산세

지방세인 재산세와 장기적으로 통합 추진		
공정시장가액비율을 현재 수준인 95%에서 동결		
1주택자 세율을 문재인 정부 출범 이전 수준으로 인하		
세부담 증가율 상한 인하	1주택자, 비조정지역 2주택자	150%→50%
	조정지역 2주택자, 3주택자, 법인	300%→200%
1주택 장기보유자에 대한 연령과 관계없이 매각·상속 시점까지 납부 이연 허용		
보유주택 호수에 따른 차등과세를 가액 기준과세로 전환		

◇임대등록주택

시장 여건을 고려하여 매입임대용 소형 아파트(전용면적 60㎡ 이하) 신규 등록을 허용하고 양도세 중과 배제, 종부세 합산과세 배제 등 세제 혜택 부여
10년 이상 장기임대주택 양도세 장기보유공제율을 현행 70%에서 80%로 상향

1. 세법 개정 과정

법률			시행령	
의회가 입법 절차에 따라 법 제정			조세의 부과·징수에 관한 세부적 사항에 대하여는 법률에서 구체적으로 범위를 정하여 대통령이 발할 수 있는 명령으로 위임	
7~8월	8~12월	12월	12월~다음해 2월	다음해 2월
세법 개정안 입법 예고	입법 절차	세법 공포	시행령 개정안 입법 예고	시행령 공포
기획재정부: 다음 연도 세법 개정안 입법 예고	세법 개정안 의견을 수렴하여 차관회의·국무회의 후 정부안을 정기 국회에 제출→정부안과 의원 입법안을 정기 국회 본회의에서 의결	국회 본회의 의결을 마치면 다음 년도 1월 1일을 기준으로 시행되거나 세부적인 시행 일자를 부칙으로 정함	기획재정부: 2월까지 시행령 개정안을 입법 예고하고 차관회의·국무회의를 거침	개정된 법률과 관련된 세부 내용이 규정된 시행령 확정

2. 세법 개정 과정 예시

양도소득세 비과세 기준 금액 12억 개정(소득세법)		
날짜	절차	개정 내용
21. 05. 27	더불어민주당 부동산 특위 세제 개선안 발표 기자회견	(비과세 기준 금액 상향 조정) 양도세 1세대 1주택 비과세 기준 금액 9억→12억 원으로 상향
21. 06. 18	더불어민주당 의원총회에서 부동산특위안 최종 확정	
21. 08. 02	더불어민주당 의원 소득세법 개정안 의안 접수	(장특공제 차등 적용) 양도차익 규모별로 차등 적용 (장특공제 기산점) 최종 1주택자가 되는 시점부터 적용되도록 변경
21. 08. 25	기획재정위원회 상정	
21. 12. 02	국회 본회의 의결	양도세 1세대 1주택 비과세 기준 금액 12억으로 상향만 통과
21. 12. 08	소득세법 개정 공포	비과세 기준 금액 12억 공포한 날부터 시행
22. 02. 15	소득세법 시행령 개정 공포	–
법안 발의→조세소위→기획재정위원회→법제사법위원회→국회 본회의 의결→공포		

3. 세제 완화 정책으로 인한 법령 개정 챙겨보기

◇취득세

○1주택자의 원활한 주거 이동을 보장하기 위해 1~3%인 세율을 단일화하거나 세율 적용 구간 단순화
○단순누진세율을 초과누진세율로 전환
○생애최초 주택 구매자에 대해 취득세 면제 또는 1% 단일세율 적용
○조정지역 2주택 이상에 대한 누진과세 완화

※ 법령 개정 여부 체크
지방세법 11조(부동산 취득의 세율)
지방세법 13조의 2(법인의 주택 취득 등 중과)
▶취득세 세율 및 중과 규정은 법률 개정을 요함

◇양도소득세

다주택자에 대한 중과세율 적용을 최대 2년간 한시적으로 배제하고, 부동산 세제의 종합 개편 과정에서 다주택자 중과세 정책 재검토

※ 법령 개정 여부 체크
소득세법 104조 (양도소득세의 세율)▶세율은 법률 개정을 요함
소득세법 시행령 167조의3 1항 등(2주택, 3주택 이상 중과 제외 주택)
▶중과 제외 주택은 시행령 개정을 요함

양도세 중과 한시적 배제		
날짜	절차	개정 내용
22. 05. 09	부동산 세제 정상화 대책 발표	조정대상지역 내 다주택자 양도세 중과 1년간 한시적 배제
22. 05. 10	소득세법 시행령 개정안 입법 예고	소득세법 시행령 167조의3 1항 12호 등 개정: 22. 05. 10일 이후 양도분부터 보유기간 2년 이상인 주택을 23. 05. 09일까지 양도하는 경우 중과 제외 ◇대통령령으로 정하는 1세대 2주택, 3주택 이상 중과 제외되는 주택에 포함
22. 05. 31	소득세법 시행령 개정 공포	

◇ 종합부동산세

- 지방세인 재산세와 장기적으로 통합 추진
- 공정시장가액비율을 현재 수준인 95%에서 동결
- 1주택자 세율을 문재인 정부 출범 이전 수준으로 인하
- 세부담 증가율 상한 인하
  (1주택자, 비조정지역 2주택자: 150%→50%, 조정지역 2주택자, 3주택자,
   법인: 300%→200%)
- 1주택 장기보유자에 대한 연령과 관계없이 매각·상속 시점까지 납부 이연 허용
- 보유주택 호수에 따른 차등과세를 가액 기준과세로 전환

※ 법령 개정 여부 체크

계산 구조		종합부동산세 법령(22. 02. 15)	종합부동산세 완화 정책	
	공시가격 합계액	인별 주택 공시가격 합계액	향후 공시가격 현실화 추진 계획 재수립 (국토교통부)	
−	공제금액	6억 원 (1세대 1주택은 11억 공제)	−	
×	공정시장가 액비율	95%(22년 100%)	95%	종합부동산세법 시행령 2조4(공정시장가액비율)
			▶ 공정시장가액비율은 시행령 개정을 요함	
=	과세표준			
×	세율	기본(0.6 ~ 3.0%): 2주택 이하를 소유한 경우	세율 인하 (0.5 ~ 2.0%: 17년도)	종합부동산세법 9조 (세율 및 세액) ▶ 세율은 법률개정을 요함
		중과(1.2 ~ 6.0%): 3주택 이상을 소유하거나, 조정대상지역 내 2주택을 소유한 경우	보유주택 호수에 따른 차등과세 →가액 기준 과세로 전환	종합부동산세법 9조 (세율 및 세액) ▶ 중과 규정 법률개정 을 요함
=	종합부동산 세액	−	−	
−	공제할 재산세액	−	−	
=	산출세액	−	−	
−	세액공제 (1주택자)	연령별(20 ~ 40%) 보유기간별(20 ~ 50%) 공제		
−	세부담 상한 초과 세액	(전년도 재산세+종부세) x150%: 1주택, 비조정지역 2주택 x 300%: 조정지역 2주택, 3주택 이상	세부담 증가율 상한 인하 ·150%→50%, ·300%→200%	종합부동산세법 10조 (세부담의 상한)
			▶ 세부담 상한은 법률 개정을 요함	
=	납부할 세액	−	1주택 장기보유자에 대한 연령과 관계없이 매각·상속 시점까지 납부 이연 허용	

※ 종합부동산세법 법안 발의

날짜	소관	개정 내용
22. 07. 05	국민의힘 의원 개정안 의안 접수	종합부동산세법 8조(과세표준): 일시적 2주택, 상속주택, 지방 저가주택에 해당하는 경우 1세대 1주택자로 본다(22. 09. 23 시행).
22. 05. 20	더불어민주당 의원 개정안 의안 접수	종합부동산세법 7조(납세의무자): 다주택자 공시가격 합계액 11억 원을 초과하는 자에 한해 납세 의무 부담 8조(과세표준): 공정시장가액비율 규정 삭제
법안 발의 이후 절차 : 조세소위→기획재정위원회→법제사법위원회 →국회(임시, 정기) 본회의 의결→공포		

◇임대등록주택

○시장 여건을 고려하여 매입임대용 소형 아파트(전용면적 60㎡ 이하) 신규 등록을 허용하고, 양도소득세 중과 배제, 종합부동산세 합산과세 배제 등 세제 혜택 부여
○10년 이상 장기임대주택 양도세 장기보유공제율을 현행 70%에서 80%로 상향

※ 법령 개정 여부 체크

완화 정책		법령
매입임대용 소형 아파트 (전용면적 60㎡ 이하)	신규 등록 허용	민간임대주택에 관한 특별법 개정을 요함 ▶소형 아파트 임대 등록은 법률 개정을 요함
	양도세 중과 배제	소득세법 시행령 167조의3 1항 등(2주택, 3주택 이상 중과 제외 주택) ▶양도세 중과 배제는 시행령 개정을 요함
	종부세 합산 과세 배제	종합부동산세법 시행령 3조(합산 배제 임대 주택) ▶종부세 합산 배제는 시행령 개정을 요함
10년 이상 장기임대주택 양도소득세 장기보유공제율 70%→80%		조세특례제한법 97조의3(장기일반민간임대주택 등에 대한 양도소득세의 과세 특례) ▶장특공 공제율은 법률 개정을 요함

4. 윤석열 정부 110대 국정과제

안정적 주거를 위한 부동산 세제 정상화(기재부)	
종합부동산세 개편	종부세 체계 개편 및 세부담 적정화 -'22년 종부세 부담 완화를 위해 공시가격·공정시장가액비율 조정, 1세대 1주택 고령자 등에 대한 납부 유예 도입 등 -세율 체계 등 근본적 종부세 개편 방안을 마련하고, 중장기적으로 재산세와 통합 검토
양도소득세 개편	다주택자에 대한 양도세 중과 제도 개편 – 다주택자에 대한 양도세 중과를 한시적으로 유예 – 부동산 세제 종합 개편 과정에서 다주택자 중과세 정책 재검토
취득세 개편	생애최초로 취득한 주택에 대한 취득세 감면 확대 및 다주택자 중과 완화
서민주거비 세제 지원 강화	월세 세액공제율 상향 조정 및 주택임차자금 상환액 소득공제 한도 확대

5. 홈페이지 이용하기

확인 사항	홈페이지
조정대상지역 지정 및 해제	대한민국 전자관보
공시가격	부동산 공시가격 알리미 – 국토교통부
발의된 법안	의안정보시스템
개정 법률안 및 시행령 개정안 입법 예고	기획재정부
조세 법령 및 개정 법령	국세법령정보시스템
민간임대주택에 관한 특별법 등	국가법령정보센터

Ⅰ. 취득세

1. 세율

구분			취득세	지방 교육세	농어촌특별세	
					85㎡ 이하	85㎡ 초과
주택 (표준)	1주택 조정 일시적 2주택② 비조정 2주택	6억 이하	1%	0.1%	–	0.2%
		6억 초과 9억 이하①	1~3%	0.1~0.3%	–	0.2%
		9억 초과	3%	0.3%	–	0.2%
주택 (중과)	조정 2주택 / 비조정 3주택		8%	0.4%	–	0.6%
	조정 3주택 이상 / 비조정 4주택 이상		12%	0.4%	–	1%
	조정 공시가격 3억 이상 증여 취득③		12%	0.4%	–	1%
	법인		12%	0.4%	–	1%
재개발 재건축	재개발/재건축 멸실 후 토지만 취득		4%	0.4%	0.2%	0.2%
	원시 취득, 재개발/재건축 준공		2.8%	0.16%	–	0.2%
상속	세대원 전원 무주택		0.8%	0.16%	–	–
	상속 취득		2.8%	0.16%	–	0.2%
증여	비조정, 조정 공시가격 3억 미만 증여 취득③ 1세대 1주택자가 배우자·직계존비속 증여		3.5%	0.3%	–	0.2%
주택 외	오피스텔, 생활형 숙박 시설(생숙), 지산		4%	0.4%	0.2%	0.2%

① 취득가액 6억~9억 구간 취득세율

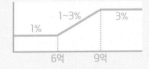

$$취득세율=(주택\ 취득가액 \times \frac{2}{3억\ 원} - 3) \times \frac{1}{100}$$

② 조정지역 일시적 2주택

종전주택　　신규주택

종전주택 양도

▶ 종전주택 처분기한 2022년 5월
10일부터 1년에서 2년으로 연장

종전주택 조정지역
비조정지역

신규주택 조정지역 → 2년 내
조정지역 → 3년 내

③ 증여 취득: 공시가격 3억은 해당 지분의 가액이 아닌 전체 주택의 공시가격으로 판단

2. 취득세 중과 여부 판단

1단계	취득한 주택이 조정/비조정지역 어디에 해당합니까?

▼

2단계	1세대가 보유한 주택 수는?

▼

3단계	중과 제외 주택에 해당합니까?

① [1단계] 조정지역 별첨
② [2단계] 1세대 보유주택 수 계산

1세대	
원칙	·주택을 취득하는 사람과 주민등록표 또는 등록외국인기록표 등에 함께 기재되어 있는 가족 ▶배우자(사실혼은 제외하며, 법률상 이혼을 하였으나 생계를 같이 하는 등 사실상 이혼한 것으로 보기 어려운 관계에 있는 사람을 포함) ▶취득일 현재 미혼인 30세 미만의 자녀 또는 부모(주택을 취득하는 사람이 미혼이고 30세 미만인 경우로 한정한다)는 주택을 취득하는 사람과 같은 세대별 주민등록표 또는 등록외국인기록표 등에 기재되어 있지 않더라도 1세대에 속한 것으로 본다.
예외	미혼 30세 미만인 자녀가 분가하여 주택 취득일이 속하는 달의 직전 12개월 동안 발생한 소득이 중위소득의 40/100 수준(22년 1인 가구 기준 월 78만 원) 이상으로써 소유하고 있는 주택 등을 관리 및 유지하면서 독립된 생계를 유지할 수 있는 경우(미성년자 제외)
	65세 이상(부모 중 어느 한 사람이 65세 미만 포함)의 직계존속을 동거봉양하기 위하여 30세 이상의 자녀, 혼인한 자녀, 소득요건이 충족된 성년인 자녀가 합가한 경우, 65세 이상 직계존속과 자녀의 세대를 각각의 독립된 세대
	별도세대를 구성할 수 있는 사람이 주택을 취득한 날부터 60일 이내에 세대를 분리하기 위하여 취득한 주택으로 주소를 이전하는 경우
	취학 근무상의 형편 등으로 세대 전원이 90일 이상 출국하는 경우로 세대가 출국 후에 속할 거주지를 다른 가족의 주소로 신고한 경우

	주택 수 포함	주택 수 제외
공시가격 1억 이하 주택	재개발·재건축 사업시행구역 내 공시가격 1억 이하	공시가격 1억 이하
특수한 주택	장기임대주택	가정어린이집, 사업용 노인복지주택 사원임대주택, 농어촌주택
조합원 입주권	20. 08. 12 이후 조합원 입주권	
분양권	20. 08. 12 이후 주택 분양권	오피스텔 분양권
오피스텔	20. 08. 12 이후 주택분 재산세 부과되는 오피스텔	시가표준액(공시가격) 1억 이하 오피스텔
상속주택	상속받은 주택 분양권·입주권이 주택으로 전환된 주택	·상속으로 취득한 주택, 조합원 입주권, 주택 분양권, 오피스텔 : 상속 개시일부터 5년간 ·상속주택의 소수지분주택
공동소유	주택 공유지분이나 부속토지에도 동일세대가 아닌 자는 각각 주택	부부 공동소유는 2주택이 아닌 1주택으로 봄

③ [3단계] 중과 제외 주택 여부

중과 제외 주택	
공시가격 1억 이하 주택	재개발·재건축 사업시행구역 내 공시가격 1억 이하 주택 제외
가정어린이집, 노인복지주택	취득일부터 1년이 경과할 때까지 해당 용도로 미사용 또는 3년 이내 매각 또는 증여 시 추징
사원임대주택	연면적 60m2 이하 공동주택
농어촌주택	시가표준액 6천 5백만 원 이하

3. 분양권으로 취득한 주택

구분		구분
취득시기		·잔금지급일 ·분양권 취득시기: 분양권 계약일(원분양자), 분양권 매매 계약서상 잔금일(승계분양권자)
취득세 과세표준		분양가+프리미엄+옵션(부가가치세 불포함) [발코니 확장비, 시스템 에어컨, 빌트인 가전 등] 관련 비용 전체
세율	20. 07. 10 이전 분양계약	1~3주택: 1~3% , 4주택: 4%
	20. 07. 11 이후~ 20. 08. 12 이전 분양계약	주택 취득일(입주 당시 잔금지급일) 주택 수에 따라 세율 적용 (표준·중과세율)
	20. 08. 12 이후 분양계약	분양권 취득일(계약 시점) 주택 수에 따라 세율 적용 (표준·중과세율)
	20. 08. 12 이후 부부 공동명의	지분 취득일 배우자의 주택 수에 따라 세율 적용(표준·중과세율)
	2주택+ 20. 08. 12 이후 조정지역 분양계약	분양권 취득일 주택 수에 따라 12%적용(중간에 주택을 처분해도)→주택 수 판정은 분양권 취득일 기준으로 함
일시적 2주택 (20. 08.12 이후)	1주택+1분양권	·아파트 준공후 주택 취득일(잔금일) 기준으로 3년(모두 조정지역이면 2년) 내 종전·신규주택 무엇을 양도해도 신규주택 취득세 표준세율 적용 ·조정지역 지정 전 분양계약한 경우 비조정지역으로 간주 ·일시적 2주택 기간 내 처분하지 않고 계속 보유하는 경우 2주택에 대한 세율과의 차액(가산세 포함)을 추징함
	1분양권+1주택	
	1분양권+1분양권	
혼인	남 1주택 + 여 20. 08. 12 이후 조정지역 분양권 취득	혼인으로 인한 세대 예외 규정이 없어 2주택 중과 →세대판정은 주택 취득하는 시점으로 함
동거봉양	65세 이상 1주택 + 자녀 20. 08. 12 이후 조정지역 분양권 취득	동거봉양(65세 이상)으로 인한 세대 예외 규정으로 1주택 세율
	65세 미만 1주택 + 자녀 20. 08. 12 이후 조정지역 분양권 취득	주택 완공 시점	합가	동일세대로 2주택 중과
			분가	각각 별도세대로 1주택 세율
	65세 미만 0주택	+ 자녀 20.08.12 이후 조정지역 분양권 취득	주택 완공 시점	65세 미만 1주택(취득 시)	동일세대이지만 분양권 취득 시 주택이 없었으므로 1주택 세율
	65세 미만 1주택			65세 미만 0주택(처분 시)	동일세대로 분양권 취득 시 1주택 있었으므로 2주택 중과

II. 양도소득세

1. 계산 구조 및 세율

1) 계산 구조

계산 구조		내용
	양도가액	실지거래가액
−	취득가액 및 필요경비 ①	매입가액, 취득세, 법무사비용, 중개수수료 자본적지출액, 양도세 신고비용
=	양도차익	-
−	장기보유특별공제	보유기간이 3년 이상인 주택(표1·표2 적용) 다주택 중과세율 적용 시 장특공 배제
=	양도소득금액	-
−	기본공제	연간 250만 원
=	과세표준	-
×	세율	기본세율(6~45%), 중과세율(기본세율+20%,30%), 단기세율 (70%,60%)
=	산출세액	-

① 필요경비

구분	세부항목
필요경비 인정	·자본적지출: 발코니 확장, 새시 교체. 시스템 에어컨 설치. 보일러 교체, 방 확장 등 ·매수자가 부담한 매도인의 양도세 ·취득세,농특세,지방교육세: 납부영수증 없어도 지방세 납부내역으로 확인 가능 ·분양가액에 포함된 옵션비용 (개별적으로 시행한 옵션 공사비용은 자본적지출액에 한함)
필요경비 불인정	·도배 및 장판비용, 보일러 수리비용, 주방가구 구입비, 방수공사비 등 ·오피스텔 설치 비품 구입비 ·계약해약에 따른 위약금 ·대출이자 및 잔금지급 지연이자

▶ 적격 증빙(세금계산서, 신용카드·현금영수증 등)이나 금융거래 증빙 등에 의해 객관적인
증빙으로 인정되는 경우에만 필요경비로 공제

2) 세율

구분	과세표준	세율			누진공제액
		기본세율	조정지역(중과세율)		
			2주택	3주택	
2년 이상 주택 조합원 입주권 (조합원 입주권은 중과세율 없음)	1,200만 원 이하	6%	26%	36%	–
	4,600만 원 이하	15%	35%	45%	108만 원
	8,800만 원 이하	24%	44%	54%	522만 원
	1.5억 원 이하	35%	55%	65%	1,490만 원
	3억 원 이하	38%	58%	68%	1,940만 원
	5억 원 이하	40%	60%	70%	2,540만 원
	10억 원 이하	42%	62%	72%	3,540만 원
	10억 원 초과	45%	65%	75%	6,540만 원
1년 미만 보유 주택·조합원 입주권·분양권		70%			
1년 이상 2년 미만 주택·조합원 입주권·분양권(1년 이상)		60%			
오피스텔 분양권, 생활형 숙박 시설(생숙)		50%(1년 내), 40%(2년 내), 기본세율(2년 이상)			

2.1세대 1주택 비과세

> 거주자인 1세대 + 양도일 현재 국내 1주택 + 보유기간 2년 (+) 거주기간 2년
> + 양도 당시 고가주택(실지거래가액 12억 원 초과)에 해당하지 않을 것

1) 1세대

1세대	
원칙	거주자 및 그 배우자(법률상 이혼을 하였으나 생계를 같이 하는 등 사실상 이혼한 것으로 보기 어려운 관계에 있는 사람을 포함)가 그들과 같은 주소 또는 거소에서 생계를 같이하는 자와 함께 구성하는 가족 단위 ·가족 단위: 거주자 및 그 배우자의 직계존비속(그 배우자를 포함) 및 형제자매를 포함 ·취학,질병의 요양,근무상 또는 사업상 형편으로 본래의 주소 또는 거소에서 일시퇴거한 사람 포함
예외	배우자가 없어도 다음의 경우에는 1세대로 본다. ·거주자의 나이가 30세 이상인 경우 ·배우자가 사망하거나 이혼한 경우 ·소득이 중위소득의 40/100 수준(22년 1인 가구 기준 월 78만 원) 이상으로써 소유하고 있는 주택 등을 관리 및 유지하면서 독립된 생계를 유지할 수 있는 경우 (미성년사의 경우 제외하되 결혼 등 예외 사유 있음)

2) 1주택

주택
허가 여부나 공부상의 용도 구분에 관계없이 사실상 주거용으로 사용하는 건물을 말하며, 용도가 분명하지 아니하면 공부상의 용도에 따른다.

겸용주택	주택 연면적 ≤ 주택 외 부분 연면적: 주택 부분만 주택 주택 연면적 > 주택 외 부분 연면적: 전부를 주택으로 봄 (2022. 01. 01. 이후 양도분부터 양도가액 12억 초과 시 주택 부분만 주택으로 보고 과세)

3) 보유기간: 주택 취득일부터 양도일까지 2년 이상

보유·거주기간 재기산 제도 폐지		
날짜	절차	개정 내용
22. 05. 09	부동산 세제 정상화 대책 발표	주택 수와 관계없이 주택을 실제 보유·거주한 기간을 기준으로 보유·거주기간을 계산하여 1세대 1주택 비과세 적용
22. 05. 10	소득세법 시행령 개정안 입법 예고	소득세법 시행령 154조 5항 개정: 22. 05. 10일 이후 양도분부터 2주택 이상을 보유한 경우 다른 주택들을 모두 처분하고 최종적으로 1주택만 보유하게 된 날부터 재기산 규정 삭제
22. 05. 31	소득세법 시행령 개정 공포	

4) 거주기간: 보유기간 중 거주기간 2년 이상

거주기간	
원칙	17. 08. 03 이후 취득 당시 조정대상지역에 있는 주택은 그 보유기간 중에 거주기간이 2년 이상
예외	조정대상지역의 공고가 있는 날 이전에 매매 계약을 체결하고 계약금을 지급한 사실이 증빙 서류에 의하여 확인되고 계약금 지급일 현재 무주택 1세대의 경우에는 거주요건이 적용되지 않음(상속주택 소수지분을 보유한 경우 무주택세대로 보지않음)

※ 거주기간 특례

	상생임대주택
특례	·조정지역 1세대 1주택 양도세 비과세 2년 거주요건 면제 ·장기보유특별공제 적용 위한 2년 거주요건 면제
요건	①~② 요건을 모두 충족하는 주택 ①직전 임대차계약 대비 보증금 또는 임대료의 증가율이 5%를 초과하지 않는 상생임대차 계약*을 체결하고, 2년 이상 임대한 주택 *21. 12. 20~24.12. 31 기간 중 임대차계약을 체결하고, 계약금을 지급받은 경우에 한정. 주택 매수 시 매도인으로부터 승계받은 임대차계약은 제외 ②직전 임대차계약이 존재하고, 직전 임대차계약에 따라 임대한 기간이 1년 6개월 이상인 주택

5) 고가주택(12억 초과) 양도차익 계산

$$과세대상\ 양도차익 = 고가주택\ 전체의\ 양도차익 \times \frac{양도가액 - 12억}{양도가액}$$

※ 공동소유(50%)인 경우

$$소유자별\ 양도차익 = \left(고가주택\ 전체의\ 양도차익 \times \frac{양도가액 - 12억}{양도가액} \right) \times \frac{1}{2}$$

3. 1세대 2주택 비과세 특례

1) 1세대 일시적 2주택

	1세대 일시적 2주택
정의	1주택을 보유한 1세대가 그 주택(종전주택)을 양도하기 전에 다른 주택(신규주택)을 취득하여 일시적으로 2주택이 된 경우에도 다음 요건을 모두 충족 시 종전주택에 비과세 적용
요건	① 종전주택을 취득한 날로부터 1년 이상이 지난 후 신규주택 취득 ② 종전주택 양도일 현재 종전주택 2년 이상 보유 　(+17. 08. 03 이후 조정지역의 주택을 취득한 경우 2년 이상 거주) ③ 신규주택을 취득한 날로부터 3년(조정지역 2년) 이내에 종전주택을 양도

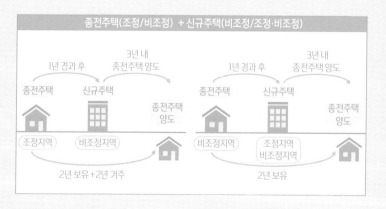

※ 분양권으로 취득한 주택(21년 이전 취득한 분양권)

일시적 2주택

1분양권+1분양권

취득시기*	양도기한	
18. 09. 13 이전	3년	
18. 09. 14~19. 12. 16	2년	
19년 12월 17일 이후	2022. 05. 09 이전 양도	1년+신규주택 1년 내 전입 (임차인 있는 경우 전입시기 연장, 최대 2년)
	2022. 05. 10 이후 양도	2년

구분	취득시기*
1주택+1분양권	분양권 취득일 (원분양자: 청약 당첨일, 승계취득: 분양권 매매 계약서상 잔금일)
1분양권+1주택	종전주택 취득일
1분양권+1분양권	종전주택 취득일

2) 상속으로 인한 2주택

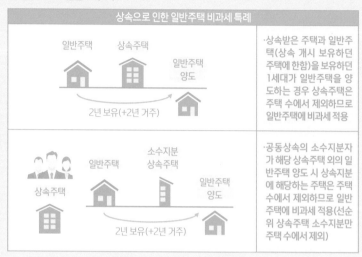

상속으로 인한 일반주택 비과세 특례	
일반주택 상속주택 일반주택 양도 2년 보유(+2년 거주)	·상속받은 주택과 일반주택(상속 개시 보유하던 주택에 한함)을 보유하던 1세대가 일반주택을 양도하는 경우 상속주택은 주택 수에서 제외하므로 일반주택에 비과세 적용
소수지분 일반주택 상속주택 일반주택 상속주택 양도 2년 보유(+2년 거주)	·공동상속의 소수지분자가 해당 상속주택 외의 일반주택 양도 시 상속지분에 해당하는 주택은 주택 수에서 제외하므로 일반주택에 비과세 적용(선순위 상속주택 소수지분만 주택 수에서 제외)

3) 혼인합가로 인한 2주택

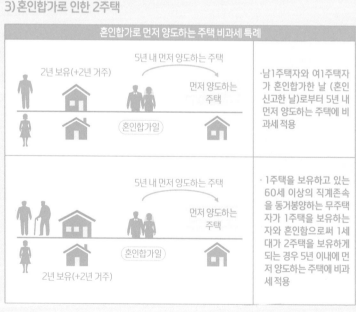

혼인합가로 먼저 양도하는 주택 비과세 특례	
5년 내 먼저 양도하는 주택 2년 보유(+2년 거주) 먼저 양도하는 주택 혼인합가일	·남1주택자와 여1주택자가 혼인합가한 날 (혼인신고한 날)로부터 5년 내 먼저 양도하는 주택에 비과세 적용
5년 내 먼저 양도하는 주택 먼저 양도하는 주택 혼인합가일 2년 보유(+2년 거주)	· 1주택을 보유하고 있는 60세 이상의 직계존속을 동거봉양하는 무주택자가 1주택을 보유하는 자와 혼인함으로써 1세대가 2주택을 보유하게 되는 경우 5년 이내에 먼저 양도하는 주택에 비과세 적용

4) 동거봉양으로 인한 2주택

동거봉양으로 먼저 양도하는 주택 비과세 특례
1주택을 보유하고 1세대를 구성하는 자가 1주택을 보유하고 있는 60세 이상의 직계존속을 동거봉양하기 위하여 세대를 합침으로써 1세대가 2주택을 보유하게 되는 경우 합친 날로부터 10년 이내에 먼저 양도하는 주택에 비과세 적용(남자·여자 중 어느 한 사람이 60세 이상이거나 60세 미만의 중증질환자, 희귀난치성질환자 또는 결핵환자 산정특례 등록된 자)

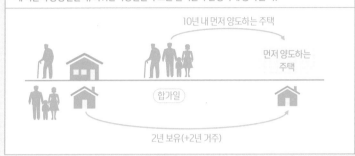

5) 거주주택과 장기임대주택

거주주택 비과세 특례	
정의	거주주택과 장기임대주택 보유자가 2년 이상 거주한 주택을 양도하는 경우 장기임대주택은 주택 수에서 제외하므로 거주주택에 비과세 적용 ※19. 02. 12 이후 취득은 생애 1회만 적용
요건	① 거주주택 요건: 거주기간이 2년 이상일 것 ② 장기임대주택 요건 ─ 지자체 등록(단기, 장기임대) ─ 세무서 사업자 등록 ─ 5년 이상 임대 ─ 기준 시가 6억 이하(수도권 밖 3억 이하) ─ 보증금 또는 임대료 연 5% 증액 제한

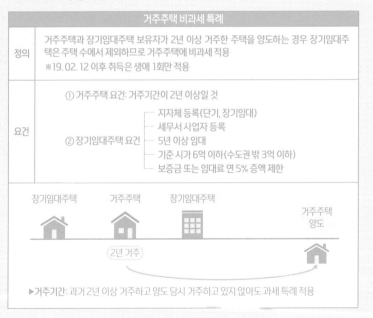

▶**거주기간**: 과거 2년 이상 거주하고 양도 당시 거주하고 있지 않아도 과세 특례 적용

거주주택 비과세 특례 장기임대주택 요건		
지자체 임대 등록 & 세무서 사업자 등록	단기	20. 07. 10까지 등록 신청한 주택
	장기일반 (구 준공공)	등록시기 불문 단, ① 20. 07. 11 이후 아파트 임대주택 제외 ② 단기임대주택을 20. 07. 11 이후 장기일반임대주택으로 변경 신고한 주택 제외
임대기간	단기	5년
	장기일반 (구 준공공)	5년
기준 시가		임대개시일 당시 기준 시가 6억 원(수도권 밖 3억 원) 이하
5%증액 제한		19. 02. 12 이후 최초 체결하는 표준임대차계약에 따른 임대료
말소		자동말소 및 자진말소(임대의무기간 1/2 이상, 임차인의 동의) 시 말소일부터 5년 내 거주주택 양도 시 비과세 적용 ▶폐지된 단기임대, 장기일반임대 중 아파트만 가능
		말소 후 임대료 5%상한, 사업자 등록 유지, 거주주택 양도일에 임대를 하고 있지 않아도 거주주택 비과세 가능

4. 주택과 조합원 입주권 소유 비과세 특례

조합원 입주권	
재건축, 재개발사업	관리처분계획인가로 취득한 입주자로 선정된 지위
소규모 재건축사업	사업시행계획인가로 취득한 입주자로 선정된 지위
소규모재개발사업, 가로·자율주택정비사업 (22. 01. 01 이후 취득부터)	

1) 1조합원 입주권

조합원 입주권 비과세 특례

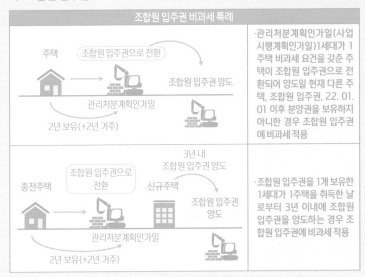

·관리처분계획인가일(사업시행계획인가일)1세대가 1주택 비과세 요건을 갖춘 주택이 조합원 입주권으로 전환되어 양도일 현재 다른 주택, 조합원 입주권, 22. 01. 01 이후 분양권을 보유하지 아니한 경우 조합원 입주권에 비과세 적용

·조합원 입주권을 1개 보유한 1세대가 1주택을 취득한 날로부터 3년 이내에 조합원 입주권을 양도하는 경우 조합원 입주권에 비과세 적용

2) 1주택+1조합원 입주권

1주택+1조합원 입주권 비과세 특례

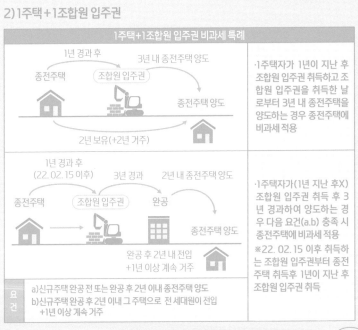

·1주택자가 1년이 지난 후 조합원 입주권 취득하고 조합원 입주권을 취득한 날로부터 3년 내 종전주택을 양도하는 경우 종전주택에 비과세 적용

·1주택자가(1년 지난 후X) 조합원 입주권 취득 후 3년 경과하여 양도하는 경우 다음 요건(a.b) 충족 시 종전주택에 비과세 적용
※22. 02. 15 이후 취득하는 조합원 입주권부터 종전주택 취득후 1년이 지난 후 조합원 입주권 취득

| 요건 | a)신규주택 완공 전 또는 완공 후 2년 이내 종전주택 양도
b)신규주택 완공 후 2년 이내 그 주택으로 전세대원이 전입
 +1년 이상 계속 거주 |

3) 사업 시행기간 중 취득한 대체주택

	대체주택 비과세 특례
정의	국내에 1주택을 소유한 1세대가 그 주택에 대한 재개발사업, 재건축사업 또는 소규모재건축사업 등의 시행기간 동안 거주하기 위하여 다른 주택(대체주택)을 취득하는 경우로서 아래 요건을 모두 충족하고 대체주택을 양도하는 경우 비과세를 적용
요건	① 사업시행인가일 이후 대체주택을 취득하여 1년 이상 거주 ② 신규주택 완공 전 또는 완공 후 2년 이내 종전주택 양도 ③ 신규주택 완공 후 2년 이내 그 주택으로 전 세대원이 전입 + 1년 이상 계속 거주

주택	대체주택
·사업시행인가 전·후 취득 ~관리처분계획인가 전 취득 ·1주택만 적용 가능 (2주택, 조합원 입주권 적용 불가)	·사업시행인가 후 취득~관리처분계획인가 전·후 취득 ·여러 개 주택을 취득한 후 양도하고 대체주택 양도 시 비과세 특례 적용 ·1주택 취득하고 1년 이내 대체주택 취득하지 않아도 특례 적용 ·분양권이 주택으로 전환되어서 1년 이상 거주한 경우에도 대체주택으로 인정

5. 주택과 분양권 소유 비과세 특례(21. 01. 01일 이후 취득분)

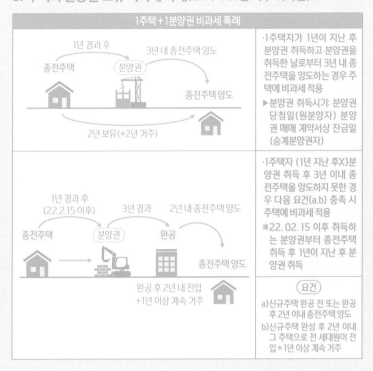

1주택+1분양권 비과세 특례	
1년 경과 후 · 3년 내 종전주택 양도 · 종전주택 · 분양권 · 종전주택 양도 · 2년 보유 (+2년 거주)	·1주택자가 1년이 지난 후 분양권 취득하고 분양권을 취득한 날로부터 3년 내 종전주택을 양도하는 경우 주택에 비과세 적용 ▶ 분양권 취득시기: 분양권 당첨일(원분양자) 분양권 매매 계약서상 잔금일 (승계분양권자)
1년 경과 후 (22.2.15 이후) · 3년 경과 · 2년 내 종전주택 양도 · 종전주택 · 분양권 · 완공 · 종전주택 양도 · 완공 후 2년 내 전입 +1년 이상 계속 거주	·1주택자 (1년 지난 후X)분양권 취득 후 3년 이내 종전주택을 양도하지 못한 경우 다음 요건(a.b) 충족 시 주택에 비과세 적용 ※22. 02. 15 이후 취득하는 분양권부터 종전주택 취득 후 1년이 지난 후 분양권 취득
	(요건) a)신규주택 완공 전 또는 완공 후 2년 이내 종전주택 양도 b)신규주택 완성 후 2년 이내 그 주택으로 전 세대원이 전입+1년 이상 계속 거주

6. 장기보유특별공제

장특공 미적용 주택	〈표1〉 적용 주택	〈표2〉 적용 주택		
보유기간 3년 미만	보유기간 3년 이상	보유기간 3년 이상 +거주기간 2년 이상		
·미등기 양도주택 ·다주택 중과적용 주택	·조합원 입주권 (관리처분계획인가일까지 3년 이상 보유한 주택이 조합원 입주권으로 전환)	1주택	1주택(비과세 여부와 상관없음)	
			비과세 요건 갖춘 고가주택 12억 초과분	
·조합원으로부터 취득한 조합원 입주권		1주택으로 보는 2주택	일시적 2주택·상속·혼인· 동거봉양·거주주택 등	
			주택과 입주권, 주택과 분양권	

1) 장기보유특별공제율

〈표1〉

보유기간	3년~	4년~	5년~	6년~	7년~	8년~	9년~	10년~
	11년~	12년~	13년~	14년~	15년~			
공제율	6%	8%	10%	12%	14%	16%	18%	20%
	22%	24%	26%	26%	30%			

〈표2〉

보유기간		3년~		4년~	5년~	6년~	7년~	8년~	9년~	10년~
공제율	보유기간	12%		16%	20%	24%	28%	32%	36%	40%
	거주기간	2년~ 8%	3년~ 12%	16%	20%	24%	28%	32%	36%	40%

*보유기간: 주택 취득일부터 양도일까지

2) 고가주택(12억 초과) 장기보유특별공제액

$$\text{장기보유특별공제액} \times \frac{\text{양도가액}-12억}{\text{양도가액}}$$

3) 장특공 우대율 적용하는 장기일반민간임대주택

장기일반민간임대주택 요건		
지자체 임대 등록 & 세무서 사업자 등록	장기일반 (구 준공공)	20. 12. 31까지 등록분 단, ① 20. 07. 11 이후 아파트 임대주택 제외 ② 단기임대주택을 20. 07. 11 이후 장기일반임대주택으로 변경 신고한 주택 제외
임대기간	장기일반 (구 준공공)	8년: 공제율 50%
		10년: 공제율 70%
면적		국민주택 규모(85㎡) 이하
기준 시가		18. 09. 14 이후 취득 주택은 임대개시일 당시 기준 시가 6억 원(수도권 밖 3억 원) 이하
5% 증액 제한		임대 등록 후 최초 체결하는 표준임대차계약에 따른 임대료
자동말소		자동말소 후 장특공 50%공제 가능

7. 다주택 중과 여부 판단

1단계	양도하는 주택이 조정지역에 있습니까?

▼

2단계	1세대가 보유한 주택 수는?

▼

3단계	중과 제외 주택에 해당합니까?

① [1단계] 조정지역 별첨
② [2단계] 1세대 보유주택 수 계산

1세대	
원칙	거주자 및 그 배우자(법률상 이혼을 하였으나 생계를 같이 하는 등 사실상 이혼한 것으로 보기 어려운 관계에 있는 사람을 포함)가 그들과 같은 주소 또는 거소에서 생계를 같이하는 자와 함께 구성하는 가족 단위 ·가족 단위: 거주자 및 그 배우자의 직계존비속(그 배우자를 포함) 및 형제자매를 포함 ·취학,질병의 요양,근무상 또는 사업상 형편으로 본래의 주소 또는 거소에서 일시퇴거한 사람 포함
예외	배우자가 없어도 다음의 경우에는 1세대로 본다. ·거주자의 나이가 30세 이상인 경우 ·배우자가 사망하거나 이혼한 경우 ·소득이 중위소득의 40/100 수준(22년 1인 가구 기준 월 78만 원) 이상으로서 소유하고 있는 주택 등을 관리 및 유지하면서 독립된 생계를 유지할 수 있는 경우 (미성년자 제외)

보유주택 수에서 제외	
수도권(서울·인천·경기도) , 세종시 광역시(대전·광주·대구·울산·부산) 외의 지역	양도 당시 기준 시가 3억 원 이하 주택
경기도, 세종시의 읍·면지역 광역시의 군지역	

③ [3단계] 중과 제외 주택 여부

3주택 이상에서 중과 제외 주택		2주택에서 중과 제외 주택
수도권, 세종시, 광역시 외의 지역 경기도, 세종시의 읍·면지역, 광역시의 군지역	양도 당시 기준 시가 3억 이하 주택	3주택 이상에서 중과 제외 주택(기준 시가 3억 이하, 장기임대주택, 조특법상 감면주택, 상속받 은 주택, 장기용사원용 주택, 가정어린이집 등)
장기임대주택		일시적 2주택의 3년 이내 양도한 종전주택
조특법상 감면주택		취학·근무형편 등의 사유로 양도하는 주택
상속받은 주택(상속 개시일부터 5년 이내)		혼인·동거봉양으로 합가주택
장기사원용 주택, 가정어린이집 등		양도 당시 기준 시가 1억 이하 주택 (정비구역·사업시행구역 내 제외)
중과 제외 주택 외 1주택		중과 제외 주택 외 1주택

양도세 중과 제외되는 장기임대주택 요건		
지자체 임대 등록 & 세무서 사업자 등록	단기	18. 03. 31까지 등록한 주택
	장기일반 (구 준공공)	등록시기 불문 단, ① 18. 09. 14 이후 1세대가 국내에 1주택 이상을 보유한 상태에 서 새로 취득한 조정지역의 주택 제외 ② 20. 07. 11 이후 아파트 임대주택 제외 ③ 단기임대주택을 20. 07. 11 이후 장기일반임대주택으로 변경 신고한 주택 제외
임대기간	단기	5년
	장기일반 (구 준공공)	18. 03. 31 까지 5년 / 18. 04. 01 이후 8년 / 20. 08. 18 이후 10년
기준시가		임대개시일 당시 기준 시가 6억 원(수도권 밖 3억 원) 이하
5%증액제한		19. 02. 12 이후 최초 체결하는 표준임대차계약에 따른 임대료
말소	자동말소	양도시기 무관 중과 제외
	자진말소(임대의무기간 1/2 이상 임차인의 동의)	말소 후 1년 이내 양도 시 중과 제외
	▶ 폐지된 단기임대, 장기일반임대 중 아파트만 가능	

Ⅲ. 주택임대소득

1. 계산 구조 및 세율

1) 계산 구조

계산 구조		종합과세	분리과세	
	주택임대 수입금액	월세 + 간주임대료	월세 + 간주임대료	
−	주택임대 필요경비	장부기장: 실제 지출 추계신고: 경비율 이용	임대 등록: 60%	임대 미등록: 50%
=	주택임대 소득금액	−	−	
+	다른 종합소득금액	근로·사업소득 등	−	
=	종합소득금액	−	−	
−	소득공제	인적공제, 보험료 공제 등	임대 등록: 4백만 원	임대 미등록: 2백만 원
			주택임대소득 외 종합소득금액 2천만 원 이하인 경우	
=	과세표준	−	−	
×	세율	6%~45%	14% 단일세율	
=	산출세액	−	−	
−	공제·감면세액	소형임대주택 세액감면 가액: 6억 이하 면적: 85㎡ 이하 수도권 제외 읍·면 100㎡ 이하	임대주택 1호	임대주택 2호 이상
			단기(4년): 30% 장기(8년): 75%	단기(4년): 20% 장기(8년): 50%
=	결정세액	−	−	

2) 세율

과세표준	기본세율	누진공제액
1,200만 원 이하	6%	−
4,600만 원 이하	15%	108만 원
8,800만 원 이하	24%	522만 원
1.5억 원 이하	35%	1,490만 원
3억 원 이하	38%	1,940만 원
5억 원 이하	40%	2,540만 원
10억 원 이하	42%	3,540만 원
10억 원 초과	45%	6,540만 원

2. 신고 대상 판단

1단계	부부합산 소유주택 수는?

▼

2단계	신고 대상자 여부?

▼

3단계	수입금액 2천만 원 이하 신고유형?

① [1단계] 부부합산 보유주택 수 계산

		주택 수 포함
공동소유		지분이 가장 큰 자의 주택
	소수지분자의 주택	임대소득 연간 600만 원(총 임대 수입*지분율) 이상
		기준 시가 9억을 초과 주택의 지분율 30% 초과
부부 공동명의		부부 중 지분이 더 큰 자의 주택
		지분이 동일한 경우, 합의에 따라 소유주택에 가산하기로 한 자의 주택
다가구주택		1개의 주택으로 계산 단, 구분 등기된 경우에는 각각이 1개의 주택
일시적 2주택		2주택 모두 포함
오피스텔		주거로 사용하는 경우

② [2단계] 신고 대상자 여부

	월세	보증금	
1주택	비과세 (기준 시가 9억 초과, 국외 소재 주택은 과세)	간주임대료 과세 제외	
2주택	과세		
3주택	과세	간주임대료 과세	(보증금 등-3억)의 적수×60%×$\frac{1}{365}$×정기예금이자율
		소형주택은 과세 제외	전용면적 40㎡ 이하이면서 기준 시가 2억 이하

③ [3단계] 수입금액 2천만 원

신고유형	
2천만 원 이하	분리과세와 종합과세 중 선택
2천만 원 초과	다른 소득과 합산하여 종합과세

IV. 종합부동산세

1. 계산 구조 및 세율

1) 계산 구조

계산 구조		내용
	주택 공시가격 합계액	인별 주택 공시가격 합계액
−	공제금액	6억 원 (1세대 1주택은 11억 공제)
×	공정시장가액비율	60%
=	과세표준	–
×	세율	기본(0.6~3.0%), 중과(1.2~6.0%)
=	종합부동산세액	–
−	공제할 재산세액	재산세로 부과된 세액 중 종합부동산세 과세표준 금액에 부과된 재산세액
=	산출세액	
−	세액공제[1주택자 한정, 중복 적용 가능(80% 한도)]	연령: 60세(20%), 65세(30%), 70세(40%)
		보유기간: 5년(20%), 10년(40%), 15년(50%)
−	세부담 상한 초과세액	·(전년도 재산세+종부세) x 150% ·조정지역 2주택·3주택 이상은 300%
=	납부할 세액	250만 원 초과: 250만 원 초과금액 6개월 분납 가능 500만 원 초과: 1/2금액 6개월까지 분납 가능

2) 세율

과세표준	2주택 이하 / 조정지역 1주택		3주택 이상 / 조정지역 2주택	
	세율	누진공제	세율	누진공제
3억 이하	0.6%	–	1.2%	–
6억 이하	0.8%	60만 원	1.6%	120만 원
12억 이하	1.2%	300만 원	2.2%	480만 원
50억 이하	1.6%	780만 원	3.6%	2,160만 원
94억 이하	2.2%	3,780만 원	5.0%	9,160만 원
94억 초과	3.0%	11,300만 원	6.0%	18,560만 원

2. 1세대 1주택 혜택

1) 1세대

1세대	
원칙	주택 또는 토지의 소유자 및 그 배우자와 그들과 생계를 같이하는 가족 ·가족 단위: 소유자와 그 배우자의 직계존비속(그 배우자를 포함) 및 형제자매를 포함 ·취학,질병의 요양,근무상 또는 사업상 형편으로 본래의 주소 또는 거소에서 일시퇴거한 사람 포함
예외	배우자가 없는 때에도 다음의 경우에는 1세대로 본다. · 30세 이상인 경우 · 배우자가 사망하거나 이혼한 경우 · 소득이 중위소득의 40/100 수준(22년 1인 가구 기준 월 78만 원) 이상으로써 소유하고 있는 주택 등을 관리 및 유지하면서 독립된 생계를 유지할 수 있는 경우 (미성년자 제외)
	혼인한 날부터 5년 동안은 주택 또는 토지를 소유하는 자와 그 혼인한 자 별로 각각 1세대
	동거봉양하기 위해 합가함으로써 과세 기준일 현재 60세 이상의 직계존속(어느 한 사람이 60세 미만 포함)과 1세대를 구성하는 경우 합가한 날부터 10년 동안 주택 또는 토지를 소유한 자와 그 합가한 자 별로 각각 1세대

2) 1주택

*1주택자 특례 신청 시 주택 수 판정에서 제외하여 1주택으로 봄

1주택	
부부 공동명의 소유 1주택	지분율이 가장 큰 자(같은 경우 선택)를 단독명의로 신청, 다른 세대원 주택 소유X
일시적 2주택의 신규주택	1세대 1주택자가 종전주택을 양도하기 전, 신규주택 취득 후 2년이 경과되지 않은 경우
1주택자 + 상속주택	상속 개시일부터 5년이 경과하지 않은 상속주택, 가액요건(수도권 6억, 수도권 밖 3억 이하) 또는 지분요건(40% 이하) 충족하는 상속주택
1주택자 + 지방 저가1주택	수도권, 광역시(군 제외), 특별자치시(읍·면 제외)가 아닌 지역의 공시가격 3억 이하인 주택 1채
·매년 09. 16~09. 30까지 1주택자 특례 신청 시 11억 공제 및 새액공제 적용 ·최초 신청 후 변경사항이 없으면 다시 신청하지 않아도 특례는 계속 적용	

3) 세액공제

연령별 공제			보유기간별 공제			한도
60세 이상	65세 이상	70세 이상	5년 이상	10년 이상	15년 이상	
20%	30%	40%	20%	40%	50%	80%

3. 종부세 중과 여부 판단

1단계	6월 1일 현재 보유하고 있는 주택이 조정/비조정지역 어디에 해당합니까?

▼

2단계	6월 1일 본인이 보유한 주택 수는?

▼

3단계	합산 배제 주택에 해당합니까?

① [1단계] 조정지역 별첨
② [2단계] 1세대 보유주택 수 계산

	주택 수 포함	주택 수 제외
부부 공동명의	각각 1주택 소유	1주택자 특례 신청 시 1주택자로 간주
다가구주택	1개의 주택	–
특수한 주택	재산세 부과되는 주거용 오피스텔	합산 배제 주택

③ [3단계] 합산 배제 주택

합산 배제 주택	
사원용 주택	종업원에게 무상 또는 저가로 제공, 85㎡ 이하 또는 06. 01일 기준 공시가격 3억 이하
기숙사	학생 또는 종업원의 주거에 제공
어린이집용주택	가정·국공립·직장·협동 어린이집 등 포함
임대주택	다가구주택 일부호수 지자체에 임대 등록한 경우 포함

매년 09. 16~09. 30까지 합산 배제 신고서 제출
다만, 최초 합산 배제 신고를 한 연도의 다음 연도부터 신고한 내용 중 소유권 또는 전용면적 등의 변동이 없는 경우에는 신고하지 아니할수 있다.

종부세 합산 배제 장기임대주택 요건		
지자체 임대 등록 & 세무서 사업자 등록	단기	18. 03. 31까지 등록한 주택
	장기일반 (구 준공공)	등록시기 불문 단, ①18. 09. 14 이후 1세대가 국내에 1주택 이상을 보유한 상태에서 　　새로 취득한 조정지역의 주택 제외 ②20. 07. 11 이후 아파트 임대주택 제외 ③단기임대주택을 20. 07. 11 이후 장기일반임대주택으로 변경 　신고한 주택 제외
임대기간	단기	5년
	장기일반 (구 준공공)	18. 03. 31까지 5년 / 18. 04. 01 이후 8년 / 20. 08. 18 이후 10년
기준 시가		임대개시일 당시 기준 시가 6억 원(수도권 밖 3억 원) 이하
5% 증액 제한		19. 02. 12 이후 최초 체결하는 표준임대차계약에 따른 임대료
말소		말소 후 과세 기준일부터 종부세 과세

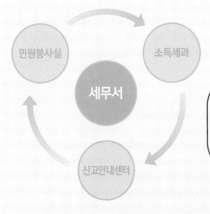

> 세무서에 방문하긴 했는데 어디로 가야 하는 거야? 민원실 갔다, 소득세과 갔다 신고안내센터로 갔다, 너무 헷갈려.

> 내가 처리해야 할 세금이 무엇인지 알면 세무서 방문이 나쁜 기억으로 남지 않을 거예요.

이조사관, 주민센터에 가면 한 곳에서 업무를 볼 수 있는데, 세무서는 왜 이곳저곳 가라고 하는 거예요?

먼저 세금의 종류에 대해 설명을 드려야 할 거 같아요. 세금 종류는 다양한 만큼 그 내용도 다 달라요. 학교에서 국어, 영어, 과학 선생님이 자신이 맡은 과목을 가르치시는 것처럼 저희도 세금의 종류별로 다른 업무를 해요. 그러다 보니 주민센터처럼 증명 발급하는 것은 세무서 민원실에서 가능하지만, 신고 업무를 하거나 담당자를 만나는건 해당 과로 가셔야 돼요.

해당 과가 어디인지 알고 가야 한다는 거네요?

맞아요. 내가 처리해야 할 일이 어느 과에서 하는 건지 안다면 세무서 방문이 어렵지 않을 거예요. 부가가치세과, 소득세과, 재산세과를 기억해주세요. 개인이 하는 업무는 이 세 과에서 해결이 돼요. 부가가치세과는 개인사업자의 부가가치세 업무를 보는 곳이고, 재산세과는 재산과 관련된 양도세, 증여세, 상속세, 종부세를 담당하는 곳이에요.

양도세, 증여세, 종부세를 담당하는 곳이 재산세과네요?

 네. 세무서 입구에 과 안내가 되어있지만 정확히 알지 못하여 잘못 찾아가는 경우가 많아요. 그리고 양도소득세, 종합부동산세의 세목에 '소득, 종합'이 들어가다 보니 종합소득세와 헷갈리셔서 소득세과로 많이 오시기도 해요.

 종합소득세는 소득세과로 가면 되는 거예요?

 종합소득세는 이자, 배당, 사업, 근로, 연금, 기타, 퇴직소득을 모두 포함하는 세목이에요. 소득세과에 근무하면서 놀랐던건 종합소득세에 대해 많이들 모르신다는 거였어요. 근로소득만 있는 분들은 회사에서 연말정산을 하다 보니 본인이 종합소득세와 관련이 없다고 생각하고, 삼쩜삼 소득에 대해 사업소득이라고 하면 '전 사업 안하고 일했는데요.'라고 말씀하시는 분들도 많았어요. 위 7가지 소득에 문의가 있으면 소득세과로 가시면 돼요.

 세무서에 신고안내센터가 있던데, 그곳은 뭐하는 곳이에요?

 신고 및 상담 업무를 도와주는 곳인데 세무서마다 다 있는 건 아니에요. 만약 방문한 세무서에 신고안내센터가 있다면 그곳으로 가셔서 부가, 소득, 재산 업무를 구분해서 보시면 될거예요. 이곳도 부가, 소득, 재산 구분되어 있으니 내가 어느 과에 가야 하는지 알고 가면 좋을거 같아요.

국세청에게 물어봐

1. 양도세 관할 세무서: 주소지
: 종로에 사는 김국세가 제주도 집을 팔 때 양도세 신고 관할은 종로세무서

2. 상담
◇ 전화상담: ☎126 - 2번(세법상담) - 1번(양도소득세)
◇ 인터넷 상담: 홈택스 - 상담/제보 - 인터넷 상담하기

3. 홈페이지 활용 TIP
◇ 홈택스(www.hometax.go.kr): 조회/발급 - 세금신고납부 - 양도소득세 종합안내
　　　　　　　　　　　　세금종류별 서비스 - 세금모의계산 - 양도소득세 자동계산 등

◇ 국세청(www.nts.go.kr): 국세신고안내 - 양도소득세/주택세금 100문 100답
　　　　　　　　　　　누리집안내 - 납세자별 정보 - 부동산소득자

[별첨] 조정대상지역 (22. 09. 26 현황)

	조정대상지역	제외지역	지정일	해제일
서울	서울 25개구	–	16. 11. 03	–
인천	중구, 동구, 미추홀구, 연수구, 남동구, 부평구, 계양구, 서구	강화군, 옹진군	20. 06. 19	20. 12. 18 중구(을왕동, 남북동, 덕교동, 무의동)
대구	수성구	–	20. 11. 20	22. 09. 26
대구	중구, 동구, 서구, 남구, 북구 달서구, 달성군	달성군 (가창면, 구지면, 하빈면, 논공읍, 옥포읍, 유가읍, 현풍읍)	20. 12. 18	22. 07. 05
대전	동구, 중구, 서구, 유성구, 대덕구	–	20. 06. 19	22. 09. 26
광주	동구, 서구, 남구, 북구, 광산구	–	20. 12. 18	22. 09. 26
울산	중구, 남구	–	20. 12. 18	22. 09. 26
세종	반곡동, 소담동, 보람동, 대평동, 가람동, 한솔동, 나성동, 새롬동, 다정동, 어진동, 종촌동, 도담동, 연기군, 연동면, 금남면	–	16. 11. 03	–
세종	고운동, 아름동	–	17. 10. 10	
충북	청주시	낭성면, 미원면, 가덕면, 남일면, 문의면, 남이면, 현도면, 강내면, 옥산면, 내수읍, 북이면	20. 06. 19	22. 09. 26
충남	천안시 동남구	목천읍, 풍세면, 광덕면, 북면 성남면, 수신면, 병천면, 동면	20. 12. 18	22. 09. 26
충남	천안시 서북구	성환읍, 성거읍, 직산읍, 입장면		
충남	논산시	강경읍, 연무읍, 성동면, 광석면, 노성면, 상월면, 부적면, 연산면, 벌곡면, 양촌면, 가야곡면, 은진면, 채운면		
충남	공주시	유구읍, 이인면, 탄천면, 계룡면, 반포면, 의당면, 정안면, 우성면, 사곡면, 신풍면		
전북	전주시 완산구, 덕진구	–	20. 12. 18	22. 09. 26
전남	여수시	돌산읍, 율촌면, 화양면 남면, 화정면, 삼산면	20. 12. 18	22. 07. 05
전남	순천시	승주읍, 황전면, 월등면, 주암면, 송광면, 외서면, 낙안면, 별량면, 상사면		

	조정대상지역	제외지역	지정일	해제일
전남	광양시	봉강면, 옥룡면, 옥곡면, 진상면, 진월면, 다압면	20. 12. 18	22. 07. 05
경북	포항시 남구	구룡포읍, 연일읍, 오천읍, 대송면, 동해면, 장기면, 호미곶면	20. 12. 18	22. 09. 26
	경산시	하양읍, 진량읍, 압량읍, 와촌면, 자인면, 용성면, 남산면, 남천면		22. 07. 05
경남	창원시 성산구	-	20. 12. 18	22. 09. 26
경기도	과천시, 성남시, 화성시(동탄2), 하남시	-	16. 11. 03	-
	고양시	-	16. 11. 03	19. 11. 08 (삼송택지개발지구, 원흥·지축·향동 공공주택지구, 덕은·킨텍스 1단계 도시개발지구, 고양관광문화단지 제외)
	(재지정)	-	20. 06. 19	-
	남양주시	-	16. 11. 03	19. 11. 08 (다산동, 별내동 제외)
	(재지정)	화도읍, 수동면, 조안면	20. 06. 19	-
	광명시	-	17. 06. 19	-
	구리시, 안양 동안구, 수원시 광교지구	-	18. 08. 28	-
	수원시 팔달구, 용인시 수지구, 기흥구	-	18. 12. 31	-
	수원시 영통구, 권선구, 장안구 안양시 만안구, 의왕시	-	20. 02. 21	-
	화성시, 군포시, 부천시 안산시, 시흥시, 오산시, 평택시, 의정부시	-	20. 06. 19	22. 07. 05 화성시(서신면) 안산시(단원구 대부동동, 대부남동, 대부북동, 선감동, 풍도동) 22. 09. 26 평택시
	양주시	-	20. 06. 19	20. 12. 18 (백석읍, 남면, 광적면, 은현면) 22. 09. 26

	조정대상지역	제외지역	지정일	해제일
경기도	안성시	일죽면, 죽산면(죽산리,용설리, 장계리, 매산리, 장릉리, 장원리, 두현리), 삼죽면(용월리, 덕산리, 율곡리, 내장리, 배태리)	20.06.19	20.12.18 (미양면, 대덕면, 양성면, 고삼면, 보개면, 서운면, 금광면, 죽산면, 삼죽면) 22.09.26
	광주시	초월읍, 곤지압읍, 도척면, 퇴촌면, 남종면, 남한산성면	20.06.19	–
	용인시 처인구	포곡읍, 모현읍, 백암면, 양지면, 원삼면(가재월리, 사암리, 미평리, 좌항리, 맹리, 두창리)	20.06.19	–
	김포시	통진읍, 대곶면, 월곶면, 하성면	20.11.20	–
	파주시	문산읍, 파주읍, 법원읍, 조리읍, 월롱면, 탄현면, 광탄면, 파평면, 적성면, 군내면, 장단면, 진동면, 진서면	20.12.18	22.09.26
	동두천시	광암동, 걸산동, 안흥동, 상봉암동, 하봉암동, 탑동동	21.08.30	22.09.26
부산	해운대구, 수영구, 동래구	–	16.11.03	19.11.08
	(재지정)	–	20.11.20	22.09.26
	연제구, 남구	–	16.11.03	18.12.31
	(재지정)	–	20.11.20	22.09.26
	부산진구	–	17.06.19	18.12.31
	(재지정)	–	20.12.18	22.09.26
	기장군	–	17.06.19	18.08.28 (일광면 제외) 18.12.31 (일광면)
	서구, 동구, 영도구,금정구 북구, 강서구,사상구,사하구	–	20.12.18	22.09.26

Foreign Copyright:
Joonwon Lee
Address: 3F, 127, Yanghwa-ro, Mapo-gu, Seoul, Republic of Korea
　　　　3rd Floor
Telephone: 82-2-3142-4151, 82-10-4624-6629
E-mail: jwlee@cyber.co.kr

세무공무원 이조사관의
부동산세금 이야기

2022. 10. 25. 초 판 1쇄 인쇄
2022. 11. 1. 초 판 1쇄 발행

지은이 | 이조사관
펴낸이 | 최한숙
펴낸곳 | BM 성안북스

주소 | 04032 서울시 마포구 양화로 127 첨단빌딩 3층(출판기획 R&D 센터)
　　　10881 경기도 파주시 문발로 112 파주 출판 문화도시(제작 및 물류)
전화 | 02) 3142-0036
　　　031) 950-6378
팩스 | 031) 955-0808
등록 | 1978. 9. 18. 제406-1978-000001호
출판사 홈페이지 | www.cyber.co.kr
이메일 문의 | smkim@cyber.co.kr
ISBN | 978-89-7067-424-7 (13320)
정가 | 15,000원

이 책을 만든 사람들

책임·기획·진행 | 김상민
편집 | 김동환
그림 | 전동렬
본문·표지 디자인 | 양×호랭 DESIGN
홍보 | 김계향, 유미나, 이준영, 정단비, 임태호
국제부 | 이선민, 조혜란
마케팅 | 구본철, 차정욱, 오영일, 나진호, 강호묵
마케팅 지원 | 장상범, 박지연
제작 | 김유석

■ **도서 A/S 안내**

성안당에서 발행하는 모든 도서는 저자와 출판사, 그리고 독자가 함께 만들어 나갑니다.
좋은 책을 펴내기 위해 많은 노력을 기울이고 있습니다. 혹시라도 내용상의 오류나 오탈자 등이 발견되면 "좋은 책은 나라의 보배"로서 도서 우리 모두가 힘께 만들어 간다는 마음으로 연락주시기 바랍니다. 수정 보완하여 더 나은 책이 되도록 최선을 다하겠습니다.
성안당은 늘 독자 여러분들의 소중한 의견을 기다리고 있습니다. 좋은 의견을 보내주시는 분께는 성안당 쇼핑몰의 포인트(3,000포인트)를 적립해 드립니다.

잘못 만들어진 책이나 부록 등이 파손된 경우에는 교환해 드립니다.